Andreas Peters



# NEW FOOD MARKETING

Trends & Chancen bis 2030

dfv Mediengruppe
Fachbuch

dfv Mediengruppe
Fachbuch

**Bibliografische Informationen der Deutschen Nationalbibliothek**
Die Deutsche Nationalbibliothek verzeichnet diese Publikation in der Deutschen Nationalbibliografie; detaillierte bibliografische Daten sind im Internet über http://dnb.de abrufbar.

**ISBN 978-3-86641-344-3**


Projektleitung: Birga Andel
Produktion: Thomas Mattner, X-production, Aschaffenburg
Satz: Publikations Atelier, Dreieich
Umschlag: Grafische Gestaltung Guido Klütsch, Köln

FSC www.fsc.org MIX Papier aus verantwortungsvollen Quellen FSC® C083411

Klimaneutraler Druck mit firstclimate 2021

Druck und Verarbeitung: CPI books GmbH, Leck
Printed in Germany

Andreas Peters

New Food Marketing

# Inhalt

# Vorwort

Während meiner beruflichen Laufbahn in Marketing und Verkauf gab es zwei wesentliche inhaltliche Schwerpunkte und Herausforderungen: erstens das Management des JETZT und zweitens die Einschätzung und Planung des MORGEN. Das JETZT bezog sich auf das erfolgreiche Management des laufenden und kommenden Jahres, das MORGEN auf die Betrachtung und Vorbereitung der Marken und des Unternehmens auf die Chancen und Herausforderungen der Zukunft. Als ich mich dem Ende meiner beruflichen Aktivitäten näherte, konnte ich auf mehr als 30 Jahre Erfahrung in Marketing und Verkauf zurückblicken. Unter anderem habe ich mich über einen langjährigen Zeitraum um Marken wie Maggi, Thomy oder Buitoni gekümmert und das JETZT und das MORGEN verantwortet. Das hat alles viel Spaß gemacht und ich habe viel dabei gelernt. Einiges davon wollte ich gerne für interessierte Marketers festhalten, weshalb mein erstes Buch entstand: *GOOD FOOD MARKETING*. Es beschäftigt sich im Wesentlichen mit dem JETZT, beinhaltet einige Best-Practice-Erfahrungen und gibt Hinweise auf die Dos and Don'ts im Food Marketing. Nachdem ich dann aus dem aktiven täglichen Marketing-Management ausgestiegen war und deutlich mehr Zeit für meine persönlichen Interessen hatte, konnte ich mich ausführlicher mit dem MORGEN beschäftigen. Insbesondere die Trends im Food Business haben mich weiterhin fasziniert, und deshalb habe ich dazu alles gesucht und gelesen, was ich fand. Auch mit Geschäftspartnern und ehemaligen Kollegen habe ich mich über das MORGEN in der Lebensmittelbranche intensiv ausgetauscht. Wohl wissend, dass sich der Mensch bezüglich seines Essverhaltens nur langsam grundsätzlich ändert (einige Gerichte und den Geschmack aus dem Elternhaus liebt man oft ein Leben lang), so gibt es doch immer wieder

Adaptionen des Bekannten und Lust auf Neues. Schneller ändert sich allerdings unser Verständnis von Ernährung, unser Informations- und Beschaffungsverhalten von Lebensmitteln.

Spannend ist außerdem, dass Food Trends von morgen schon heute ansatzweise zu erkennen sind. Sie sind untereinander vernetzt, verstärken oder schwächen sich gegenseitig. Vor allem in Krisensituationen kommen diese Netzwerke in Bewegung und entwickeln eine oft schwer vorhersagbare Dynamik. Parallel laufende soziale und kulturelle gesellschaftliche Veränderungen und technische Entwicklungen beeinflussen unsere Ernährung immer weiter.

Dies zu beobachten, zu deuten und mit anderen Fachleuten zu diskutieren ist faszinierend und inspirierend. Und so ist über die Zeit das Bedürfnis entstanden, einige dieser Gedanken ebenfalls „aufs Papier zu bringen". Das vorliegende Buch ist deshalb kein wissenschaftlich geprüftes Dokument, sondern eine persönliche Einschätzung der Herausforderungen und Chancen für das Food Marketing der kommenden Jahre auf Basis meiner Erfahrung und meines Wissens. Um die Tür des Blickes in die Zukunft weiter zu öffnen, habe ich drei ausgesprochen fachkundige Menschen gefragt, ob sie sich zu wichtigen Themen des Food Marketings an einen Weitblick wagen. Mit Begeisterung und großem Engagement haben sie zugestimmt. Diese Gastbeiträge bereichern die Auseinandersetzung mit den zukünftigen Rahmenbedingungen zweifelsohne sehr, und schon an dieser Stelle gilt mein Dank „meinen" Gastautoren.

Zur Veranschaulichung des Lebens in Bezug auf Ernährung und der Anschaffung und Verwendung von Lebensmitteln im Jahr 2030 wollte ich einen Einblick in den Alltag derer schaffen, die dann die wichtigsten Zielgruppen des Food Marketings sein werden. Exemplarisch dazu habe ich gemeinsam mit der

Agentur markenzeichen Kurzgeschichten verfasst, die auf unterhaltsame Weise die Einstellung und das Verhalten zukünftiger Konsumenten von Lebensmitteln beschreiben. Auch für diese Unterstützung schon vorab ein herzliches Dankeschön.

In diesem Buch wird an verschiedenen Stellen von Verbrauchern beziehungsweise Konsumenten, von Zielgruppen oder Kunden die Rede sein. Dazu möchte ich generell festhalten, dass dies nur Begriffe aus dem traditionellen Marketing-Vokabular sind und sie auch durchaus ihre Berechtigung haben. Die Interpretation dieser Marketing-Zielgruppen geht aber zukünftig deutlich weiter als in der Vergangenheit. Erfolgreiches zukünftiges Marketing muss die gemeinten Menschen ganzheitlicher verstehen und ansprechen. Neben gut messbaren Faktoren wie beispielsweise Haushaltsgröße, Einkommen, Mediennutzung oder Klickverhalten spielen zunehmend schwieriger messbare Faktoren wie Einstellung, Haltung oder moralisch-ethische Beweggründe eine Rolle beim Einkauf von Lebensmitteln. Algorithmen und KI werden helfen, das Verhalten der Menschen besser zu verstehen und vorherzusagen. Aber letztendlich müssen diese Daten interpretiert und verantwortungsvoll in Marketingaktivitäten umgesetzt werden. Diese menschliche und kreative Handlung wird auch in Zukunft Erfolgsfaktor bleiben. Es geht also bei der Verwendung der oben genannten Marketing-Zielgruppen und -Begriffe immer um den Menschen als Ganzes und nicht alleine darum, wann und wo oder ob überhaupt er oder sie ein Produkt oder einen Service eines Unternehmens in Anspruch genommen hat.

Die wichtigsten Einflussfaktoren (Game Changer) auf das Food Business in den letzten Jahrzehnten waren die Veränderung der Wahrnehmung der idealtypischen Familie (von Ernährer-Hausfrau-Kinder hin zu zwei gleichberechtigten und berufstätigen Partnern mit Kind), was zu einem neuen Ernährungsverhalten (Zeitknappheit für Einkauf und Kochen bedeutet wachsenden Convenience-Bedarf) geführt hat, sowie die Ergänzung des Haupttreibers „Genuss" um die Dimension „Gesundheit". In den kommenden Jahren werden Digitalisierung und Nachhaltigkeit zu weiteren Game Changern in der Lebensmittelbranche. Auch die Bedürfnisse der älter werdenden Bevölkerung nehmen erheblichen Einfluss auf unsere Gesellschaft und eine altersgerechte Ernährung – vom Wissen über die Wirkung und den Einkauf bis hin zur Zubereitung von Lebensmitteln. Hierauf muss das Food Marketing rechtzeitig die richtigen Antworten liefern.

Dieses Buch sollte eigentlich im Sommer letzten Jahres erscheinen – doch dann kam die Corona-Pandemie. Ein solches Jahrhundertereignis (ich hoffe, das bleibt es) verändert natürlich nicht alles im Hinblick auf 2030, aber es nimmt doch erheblichen Einfluss. Manche Trends werden durch große Krisen gestoppt, verzögert oder aber auch beschleunigt. Da ich erwarte, dass zumindest die nächsten drei Jahre noch deutlich von den Nachwirkungen der Pandemie geprägt werden, habe ich ein Kapitel an den Anfang des Buches gestellt, das sich mit der *Neuen Realität* im Food Business „nach Corona" beschäftigt. Damit bekommen die Aussagen dieses Buches sowohl eine mittelfristige wie auch eine langfristige Perspektive.

Das „nach Corona" bezieht sich auf die Zeit nach den erneuten Spitzen der Pandemie im Winter und Frühjahr 2020/21. Sicher werden wir auch in den kommenden zwei bis drei Jahren noch einige Hotspots und lokale Eindämmungsmaßnahmen erleben, und ich erwarte, dass es – bedingt durch die für ein solches Virus üblichen Mutationen – nötig sein wird, den Impfstoff immer wieder anzupassen. Wir werden lernen, das Virus zu kontrollieren und mit ihm zu leben.

Ähnlich wie beim Grippevirus werden wir sehr wahrscheinlich zu jährlichen Impfungen vor dem Winteranfang kommen. Und auch die Maske wird sicher in den nächsten Jahren insbesondere bei den vulnerablen Bevölkerungsgruppen zur Winterbekleidung beziehungsweise zum Aufenthalt mit vielen Menschen auf engem Raum gehören.

Ich erwarte, dass wir in Deutschland bis Ende 2021 zumindest kontrolliert nahe an unsere alte „Normalität" herankommen und dass das Leben und die Wirtschaft wieder ins Laufen kommen. Erste Euphorie und Konsumlust sind wie erwartet eingetreten. Die wahren wirtschaftlichen Nachwirkungen der Krise und damit auch die Auswirkungen auf das Food Business werden allerdings erst in den Jahren 2022 und 2023 sichtbar werden.

Mit diesem Buch möchte ich einen Beitrag zum Verständnis zukünftiger Herausforderungen und Chancen im Food Marketing anbieten und ich hoffe, dass es selbst dann, wenn es für den fundierten Leser keine sensationellen (dieses Buch ist kein Science-Fiction-Roman, sondern orientiert sich aufgrund langjähriger Erfahrung an realistischen Einschätzungen) Erkenntnisse bringt, den Geist beflügelt und die Sinne für das MORGEN schärft. Wenn es dann auch noch Spaß und Inspiration beim Lesen erzeugt, so wie bei mir beim Schreiben, wäre das eine schöne Win-win-Situation!

Andreas Peters

Im Juli 2021

TEIL I

# DIE NEUE REALITÄT „NACH CORONA“

# Die neue Realit

## n Food Business „nach Corona“

© Andreas Peters, Gestaltung Agentur markenzeichen

## Kurzfristig oder länger andauernd?

Zunächst einige Ausführungen zur neuen Realität „nach Corona“. Diese beziehen sich auf die nächsten zwei bis drei Jahre. Dieser Zeitraum wird nötig sein, um die Auswirkungen der Krise zu verarbeiten und dann in hoffentlich wieder ruhigeres Fahrwasser zu kommen. Einiges wird kürzer, anderes länger nachwirken. Laut einer im März 2021 durchgeführten Umfrage des Forschungsinstituts Kantar im Auftrag der Tagesschau (online), in der Menschen in Deutschland nach ihren Vorstellungen von der Zeit „nach der Pandemie“ befragt wurden, antworteten sie beispielsweise: „Sie wollen weniger auswärts essen und häufiger selbst kochen“ (31 %), „Sie wollen in Zukunft häufiger von zu Hause aus arbeiten“ (23 %) oder „Sie wollen in Geschäften und öffentlichen Verkehrsmitteln weiterhin Mund-Nasen-Schutz tragen“ (35 %). Zwischen den Erwartungen und dem effektiven Verhalten wird es natürlich Abweichungen geben, aber die durch die Corona-Krise veränderte Stimmung wird noch länger anhalten.

**Auswirkungen der Krise**

---

Vorsicht, Selbstschutz und „My home is my castle“ werden auch das Ernährungsverhalten beeinflussen.

---

Schon vor der Corona-Krise gab es einige starke Einflüsse, die die aktuellen Einstellungen und das Verhalten der Menschen bezüglich ihrer Ernährung beeinflusst haben. Um die wichtigsten zu nennen: das zunehmende Verständnis, dass Ernährung und Gesundheit in direktem Zusammenhang stehen (Stichworte *Clean Label, Self Care*), die Erkenntnis, dass die Herstellung und Verwendung von Lebensmitteln einen erheblichen Anteil an unseren Umweltproblemen hat (Stichworte *Fleischkonsum, Verpackungen*), die weiterhin zunehmende Bereitschaft, Convenience-Produkte in den eigenen Ernährungsplan einzubauen (Stichworte *Quality Time, Flexibilität*) oder auch die zunehmende Bedeutung der Digitalisierung (Stichworte *Online-Bestellung, Kochrezepte, bargeldloses Bezahlen*). Auf einige dieser Aspekte bin ich ja auch schon ausführlicher in meinem ersten Buch *GOOD FOOD MARKETING* eingegangen.

**Einflüsse auf Ernährungsverhalten**

Die Corona-Krise hat nun manche dieser Einflussfaktoren in ihrer Bedeutung verändert. Es gab einige Entwicklungen, die man auch als „Gewinner" der Krise bezeichnen könnte. Auf die aus meiner Sicht wichtigsten möchte ich im Folgenden eingehen, da sie für das Marketing von Lebensmitteln in den kommenden Jahren Relevanz haben. Auf längerfristige Trends und Chancen für das Food Marketing bis zum Jahr 2030 fokussiere ich mich dann im nächsten Teil des Buches.

EXKURS

## ÜBER WEN REDEN WIR? DIE ZIELGRUPPEN

1. **Traditionalisten** (geb. 1935–1949)
*Ereignisse:* Zweiter Weltkrieg, Wiederaufbau
*Merkmale:* Konformität, traditionelles Wertebewusstsein

2. **Babyboomer** (geb. 1950–1965)
*Ereignisse:* Wirtschaftswunder, steigende Geburtenrate
*Merkmale:* Workaholics, Rebellion gegen Establishment

3. **Generation X** (geb. 1966–1980)
*Ereignisse:* Wirtschaftskrise, hohe Scheidungsrate
*Merkmale:* Misstrauen, Sehnsucht nach Individualität

4. **Generation Y** (geb. 1981–1994)
*Ereignisse:* Internet, Globalisierung, Terrorismus
*Merkmale:* Work-Life-Blending, Feedback als Orientierungshilfe

5. **Generation Z** (geb. 1995–2010)
*Ereignisse:* Digitalisierung des Alltags, Social Media, „Fridays for Future", Corona-Krise
*Merkmale:* Retraditionalisierung, Umweltschutz, Sicherheitswunsch

(Basis: Focus 35/2019 – Ergänzung durch den Autor)

Die Menschen, die heute und morgen Lebensmittel als einen Beitrag zu Genuss und besserer Lebensqualität nachfragen, sind ausgesprochen heterogen in ihren Erwartungen. Unterschiedlichste Voraussetzungen führen zu komplexen Antworten in Form von Produkten und kommunikativer Auseinandersetzung.

Schaut man auf die Zielgruppen 2030, dann spielen neben den demografischen Fakten und den allgemeinen Einstellungen und Werten der jeweiligen Alters-Cluster auch die spezifischen Einstellungen der Menschen zur Ernährung eine wichtige Rolle. Als Basis für das Verständnis diverser Ernährungstypen kann man die Studien von TNS-Infratest heranziehen, die im Auftrag von Nestlé im Jahr 2015 erstellt und in dem Buch „Wie is(s)t Deutschland 2030“ veröffentlicht wurden (Deutscher Fachverlag). Dort geht man von sieben Ernährungstypen aus, die von den „Leidenschaftslosen“ bis zu den „Multi-Optionalen“ ein unterschiedliches Einkaufs-, Zubereitungs- und Informationsverhalten bezüglich ihrer Nahrungsaufnahme aufweisen.

Die Lektüre ist spannend und erwähnt schon einige Aspekte, die auch in diesem Buch eine wichtige Rolle spielen. Interessant sind meines Erachtens zwei Erkenntnisse, die sich aus der Analyse und Prognose 2015 für 2030 ergeben. Erstens wird insbesondere die Bedeutung der Ernährungstypen zunehmen, die sehr an einem gesunden Lebensstil interessiert sind, die fit alt werden möchten oder eben aus altersbedingten gesundheitlichen Gründen (Diabetes, Bluthochdruck etc.) besonders auf ihre Ernährung achten müssen („Die Gesundheitsidealisten“, „Die Problembewussten“). Zweitens wird deutlich, dass der Zusammenhang zwischen Ernährung und Umweltschutz 2015 nur eine untergeordnete Rolle für das Ernährungsverhalten gespielt hat. Themen wie Klimaschutz oder Food Waste standen 2015 noch nicht im Fokus der Öffentlichkeit, wobei wir heute sehen, dass diese unser Ernährungsverhalten bis 2030 deutlich beeinflussen werden.

# 1 Modernes Kochen „at Home“

Die weltweite Corona-Krise hat das Einkaufs-, Koch- und Essverhalten der Menschen heftig durcheinander gerüttelt, in Deutschland genauso wie andernorts. Die gewohnte mittägliche Verpflegung der arbeitenden Bevölkerung am Arbeitsort – in Kantinen oder Restaurants, an Snack Points oder in Coffee Shops – fiel für alle ins Homeoffice gezwungenen Menschen monatelang weg. Dasselbe galt für Restaurantbesuche in den Abendstunden. Was also tun, wenn Lieferdienste & Co (siehe nächstes Kapitel) auf Dauer keine Option sind?

Eine Möglichkeit für die zu Hause Arbeitenden: mal wieder (oder auch zum ersten Mal) selbst kochen. Schließlich hatten alle jetzt mehr Zeit, da Aktivitäten wie Fitness-Studio, Kino oder Treffen mit Freunden ersatzlos gestrichen waren. Außerdem ist das selbst gekochte Menü in der Regel frischer und wird als gesünder erlebt. Und der Koch kann stolz auf seine Leistung sein (in den meisten Fällen jedenfalls)!

Nur: Kochen will gelernt sein. Aber da hilft ja die Lebensmittelindustrie, und in der Tat haben gerade die Warengruppen, die das Kochen zu Hause erleichtern, insbesondere während der Lockdowns sehr gute Umsätze gemacht. Convenience-Produkte nach neuesten Standards (unabhängig von der Haltbarmachung) sind die Gewinner der Krise. Überzeugende Qualität, frei von künstlichen Zusatzstoffen, leicht zu verwenden und preislich akzeptabel wurde diese neue Generation an Convenience-Produkten zum Liebling der unerfahrenen, aber willigen Hobbyköche.

**Hochwertige Convenience-Produkte**

Eine interessante Zwischenlösung bieten auch Food Services wie die sogenannten Kochboxen. Alles, was man für ein frisch zubereitetes Menü braucht, wird in einer Box geliefert, und dann bereitet man es nach Fahrplan (Rezept) selbst zu. Ein wenig Aufwand, ein bisschen Geschick und man fühlt sich nach diesem Assembling wie ein guter Koch. Die erbrachte Convenience-Leistung inklusive Lieferung kann und will sich zwar nicht jeder leisten, aber gerade während der Krise wurde dieses Angebot mehr und mehr geschätzt. Der Wettbewerb in dieser Angebotsform nimmt zu (HelloFresh, Marley Spoon, Dinnerly, tischline, Viani, um nur einige zu nennen) und wird Liefergeschwindigkeiten, Preise und Qualität weiter in Bewegung halten.

**Kochboxen**

Da sich dieses Konzept inklusive Belieferung aber nur für größere Haushalte (mindestens zwei, eher drei bis vier Personen) rechnet, blieb den vielen Single-Haushalten weiterhin nur die Wahl zwischen industriellen Fertiggerichten oder Lieferando & Co. Natürlich gibt es auch Single-Haushalte, die frisch kochen und dann mehrere Portionen einfrieren (Meal Prepping). Das ist jedoch nur eine kleinere Gruppe, da in Single-Haushalten grundsätzlich seltener gekocht wird und ihre Kühlschränke oft nur ein geringes Gefriervolumen haben.

Neben dem Kochen wurde auch das Backen revitalisiert. Ob Brot oder Kuchen – homemade schmeckt's noch mal so gut. Vor allem das Brotbacken in der eigenen Küche wurde zum Trend quer durch alle Haushaltsgrößen. Auch für die Anbieter der dazu notwendigen Lebensmittel hat die neue Lust am Backen einen Aufschwung gebracht, der bestehen bleiben dürfte, sollten die Arbeitnehmer wie zu erwarten auch zukünftig häufiger von zu Hause aus arbeiten. Koch- und Backhilfsmittel sowie die begleitenden Getränke (Kaffee und Tee) für zu Hause gehen also definitiv als Gewinner aus der Corona-Krise hervor und werden auch weiterhin eine wichtigere Rolle in der Nachfrage spielen als zuvor.

**Neue Lust am Backen**

---

Viele dieser neuen Zugänge zum „Kochen at Home" werden sicherlich auch in den nächsten Jahren bleiben.

---

Corona hat gezeigt, dass in einigen Unternehmen und Branchen viele Arbeitsplätze auch ganz oder zeitweilig im Homeoffice funktionieren – und diese Entwicklung wird man nicht zurückdrehen. Nach meinen Informationen planen viele Groß- und Mittelstandsunternehmen, in den nächsten Jahren 20 bis 30 Prozent der bisherigen Büroarbeitsplätze abzubauen und durch Homeoffice-Arbeitsplätze zu ersetzen. In den Unternehmen wird es dann eine Anzahl an Shared Working Stations geben, sodass sich mehrere Arbeitnehmer einen Platz im Office teilen. Das bedeutet, man arbeitet überwiegend von zu Hause aus, kommt aber auch regelmäßig zu Meetings oder fürs Teamwork ins klassische Büro. Dort nutzt man dann den Arbeitsplatz eines Kollegen, der zu dieser Zeit im Homeoffice ist.

**Homeoffice wird bleiben**

Diese Lösung ist sowohl für den Arbeitgeber interessant (Einsparung von hohen Fixkosten für Miete und Arbeitsplatzgestaltung) als auch für Arbeitnehmer, die gerne von zu Hause aus arbeiten (lockere Arbeitsatmosphäre, Fahrtzeiten entfallen), und letztlich entlastet sie auch die Umwelt!

Eine Umfrage des Bundesministeriums für Ernährung und Landwirtschaft (Deutschland, wie es isst – der BMEL Ernährungsreport 2021) hat gezeigt, dass in Deutschland 2021 deutlich mehr gekocht wurde als im Vorjahr. 52 Prozent der Befragten kochten zuletzt täglich (2020: 39 %). 77 Prozent gaben an, dass sie gerne kochen und das unabhängig von Alter und Geschlecht. Dabei ist auffällig, dass es bei den Jüngeren einen deutlichen Anstieg von 14 Prozent im Vergleich zum Vorjahr gab.

# 2 Home Delivery

Grundsätzlich hat der E-Commerce von der Krise profitiert. Da die Einzelhandelsgeschäfte monatelang geschlossen waren, sind Online-Shops, die bereits vor dem Shutdown erfolgreich im Web agiert haben – wie die Anbieter von Musik, Büchern, Textilien, Bankdienstleistungen oder auch Streaming und Gaming – nochmals gepusht worden.

In den Big Cities gibt es schon seit vielen Jahren ein gut ausgebautes Netz an Home-Delivery-Spezialisten (Lieferando & Co). Also war dies in vielen Fällen die erste Option. Aber es gibt gewaltige Unterschiede zwischen der Verpflegung per Lieferdienst in normalen Zeiten und der Situation in der Krise: Zeit und Anspruch!

**Gestiegene Ansprüche**

Während so mancher früher nach einem langen Arbeitstag froh war, ohne großen Aufwand schnell etwas Essbares an die Tür geliefert zu bekommen, war jetzt im Homeoffice der Anspruch an Qualität und Frische höher. Eine Chance für die Lieblingsrestaurants der zu Hause Arbeitenden. Wer konnte und wollte, hatte seine Restaurantküche für die Abhol- oder auch Bringofferte geöffnet. Aus dieser Notlösung ergeben sich auch zukünftig interessante Business-Optionen für Restaurants, die neben dem klassischen Restaurantbetrieb Angebote für den Außer-Restaurant-Verzehr machen oder angesichts hoher laufender Kosten für den Betrieb vielleicht sogar ganz auf Delivery umsteigen könnten. Die Abhol-Menüs der Restaurants haben sich auf jeden Fall als ernstzunehmende Wettbewerber für die klassischen Home-Delivery-Services erwiesen.

Vorstellbar sind auch interessante Kooperationen aus beiden Ansätzen: Die Restaurants verfügen über hohe Koch- und Frischekompetenz, die Lieferdienste über die Zustellstruktur. Wer also in den Big Cities nicht ständig nur zwischen Pizza, Asia Food oder Massen-Burger hin und her wechseln will, könnte durch die Restaurantangebote mehr Abwechslung und Qualität auf den Speiseplan bekommen. Mit dem neuen kulinarischen Angebot wären neue Zielgruppen und Preissegmente erreichbar. So gesehen hat die Corona-Krise Deutschland einen bundesweiten Testmarkt für das Home Delivery im Food Business beschert.

**Strahlende Gewinner der Krise**

Strahlende Gewinner der Corona-Krise sind professionelle Lebensmittel-Lieferdienste. So hat beispielsweise der bereits erwähnte Kochbox-Anbieter HelloFresh nach einem schon exzellenten Jahr 2020 den Umsatz im ersten Quartal 2021 im Vergleich zum Vorjahr um 100 Prozent gesteigert. HelloFresh bedient den Trend zum Home Cooking ideal. Aber auch andere Lieferdienste von Ready Meals bis hin zu allgemeinen Lebensmitteln konnten in dieser Zeit weitere Zuwächse erzielen.

Es wird sich zeigen, ob die deutlich stärkere Nachfrage nach einzelnen Lebensmitteln und Ready Meals während der Krise auch danach zu einer dauerhaften Kundenbindung ausreicht. Alle Big Players aus dem stationären wie aus dem Online-Handel sind auf dem Spielfeld vertreten. Nur die größten und erfolgreichsten werden auf die notwendige Servicequalität und Logistikeffizienz kommen, um dauerhaft den Breakeven sicherzustellen.

# 3 Self Care & Sicherheit

Es gibt zwei grundsätzliche Self-Care-Driver, die viele Menschen motivieren, sich gegen die negativen Einflüsse von außen zu stärken. Bis zum Alter von etwa 50 Jahren wird Stress mit seinen psychischen und physischen Auswirkungen als negativer Einfluss Nummer eins wahrgenommen, ab 50 kommt dann das Risiko, zu erkranken, hinzu – verursacht entweder durch Grippe- oder sonstige Viren, durch Umweltverschmutzung oder ganz profan als Folge des Alters generell. Im ersten Fall geht es also um die Stärkung unseres Ichs, um leistungsfähig im Beruf und im Umfeld zu agieren und zu bleiben, im zweiten Fall geht es darum, gesund und widerstandsfähig alt zu werden.

**Gesundheit und Leistungsfähigkeit**

---

Die Maßnahmen, die in beiden Fällen die größte Unterstützung versprechen, sind eine gesunde Ernährung und körperliche Fitness.

---

Schon in den letzten zehn Jahren haben sich die Anbieter von Produkten und Services, die den Self-Care-Anspruch bedienen, über eine steigende Nachfrage freuen können. Und diese Entwicklung wird sich mit Sicherheit fortsetzen.

Neben dem wachsenden Bedürfnis der Menschen nach Bewegung (ob in der Natur oder in Fitness-Centern) und mentalem Empowerment (Yoga oder Saunabesuche als Body & Mind Care) werden alle Lebensmittel und Getränke, die zur Verbesserung beziehungsweise Erhaltung der körperlichen und geistigen Leis-

tungsfähigkeit beitragen, zukünftig an Bedeutung gewinnen. Dazu zählen außer den für eine grundsätzlich ausgewogene Ernährung notwendigen Produkten (Obst, Gemüse & Co) auch Special Foods – als Beispiele wären hier Functional Food, Clean Food oder auch Superfoods zu nennen. In Teil II gehe ich ausführlicher auf diesen Trend zu einer Self-Care-gerechten Ernährung ein, der sich infolge der Corona-Pandemie und einer subjektiv gefühlten Gefährdung nochmals verstärkt hat. Insbesondere die Stärkung unseres Immunsystems vor „äußeren Angriffen" im Sinne eines Schutzschildes vor negativen Umwelteinflüssen hat an Bedeutung gewonnen.

Special Foods

Auch die vermehrte Nutzung diverser technischer Geräte zur Steuerung unseres Körpers hat mit diesem Bedürfnis nach Schutz und Stärkung zu tun. Wearables als Kontroll- und Warninstrument erfahren seit einigen Jahren wachsenden Zuspruch. Schon bald werden diese Fitness-Bänder oder -Uhren neben den schon bekannten Funktionen (Schritte, Puls, Kalorienverbrauch, Schlafanalyse und Blutsauerstoff) in der Breite auch die Bestimmung von Blutdruck, Flüssigkeitsbedarf und Blutzucker anbieten können. Spätestens dann werden diese Wearables (trotz der zweifelsohne vorhandenen Fehlertoleranzen im Vergleich zu professionellen Messungen) vermehrt Einfluss auf das Ernährungsverhalten nehmen. Verlinkt man die Messwerte mit einer professionellen Ernährungsberatung (von der Krankenkasse über den Markenhersteller bis zum Lebensmittelhandel), dann sind sinnvolle Kundenbindungen und Erkenntnisgewinne vorstellbar.

**Technischer Support**

# 4 Verantwortungsvoll & fair

Die Moralisierung des Konsums war zwar vor dem Ausbruch der Pandemie schon ein Thema, aber das reale Kaufverhalten wurde kaum dadurch beeinflusst. Das könnte sich jetzt ändern.

Bis auf einen kleinen Kreis von Verbrauchern, die sich schon intensiver mit dem Hintergrund von Lebensmittelproduktion und Vermarktungspraktiken beschäftigt haben und sich den Erwerb von oft entsprechend aufwendiger hergestellten Produkten leisten konnten, kaufte die breite Masse noch wie gewohnt ein – allerdings mit einem zunehmend schlechten Gefühl.

**Konsumverhalten und Verantwortung**

Viele Verbraucher waren und sind verunsichert. Zwar wissen nach wie vor viele Menschen mit Begriffen wie „$CO_2$-Ausstoß“ oder „ökologischer Footprint“ nicht viel anzufangen, aber das Bewusstsein, dass ihr Konsumverhalten Einfluss auf die unmittelbare Umwelt und letztendlich auch auf den Zustand unseres Planeten hat, wächst kontinuierlich. Und wer möchte schon Teil einer negativen Entwicklung sein? Die Verantwortung für Lebensmittel, die umwelt- und gesellschaftsverträglich hergestellt werden müssen, wird zunächst den Herstellern, der „Politik“ und dem Handel zugeschrieben. Aber den Verbrauchern wird auch immer klarer, dass sie durch ihr Kauf- und Verwendungsverhalten einen Beitrag leisten können. Die Bereitschaft, dafür auch mehr zu bezahlen, wird in Befragungen zwar gerne geäußert, ist bei den besonders bei Food Investments zurückhaltenden Deutschen aber eher verhalten. Man unterstützt gerne umwelt- und gesellschaftsfördernde Angebote, wenn's nicht viel mehr kostet.

Die Chance für Food-Anbieter besteht deshalb insbesondere im Massengeschäft darin, die heute relevanten Verbrauchererwartungen bezüglich Umwelt und Gesellschaft (fairer Umgang mit Mitarbeitern und Geschäftspartnern, bei Fleischangeboten Achtung des Tierwohls, umweltverträgliche Produktion und Transporte, klare und ehrliche Information und Kommunikation, Vermeidung von chemischen Zusatzstoffen, wo immer möglich) konsequent umzusetzen und das auch aktiv zu kommunizieren – bei gleichzeitig moderaten Preiserhöhungen.

---

Nachhaltiges Unternehmensverhalten und Wirtschaften sind zunächst keine Quelle für kurzfristig höhere Margen, sondern eine Chance für Wettbewerbsvorteile und Marktanteilsgewinne. Die Ernte fährt man erst im Laufe der Zeit ein.

---

**Verbrauchererwartungen**

Die Sensibilität und die Erwartungshaltung der Menschen bezüglich der Natürlichkeit bei gleichzeitiger Sicherheit ihrer Nahrungsmittel und dem bei Herstellung und Vertrieb verantwortungsvollen Umgang mit den Ressourcen unserer Erde sind während der Corona-Krise noch weiter gestiegen.

Nach einer Trendstudie des Marktforschungsinstituts Rothmund Insights (Nachhaltigkeit im Fokus, 02/2021) wünschen sich aktuell 89 Prozent der Bundesbürger mehr Nachhaltigkeit von Unternehmen. Gemäß dieser Studie werden 42 Prozent als „Aktive Nachhaltigkeitsbewusste" bezeichnet. Diese sind unter anderem optimistischer, agiler und zukunftsorientierter sowie dazu bereit, für nachhaltige Produkte oder Services etwas mehr zu zahlen. Klingt vielversprechend.

**Meister der Verdrängung**

Kritischer sieht das Gabriele Naderer von der Hochschule Pforzheim. In einem Beitrag in der FAS im November 2020 („Unser Irgendwie-Öko-Bewusstsein") führt sie aus, dass sie von nicht mehr als 15 Prozent wirklich Verantwortungsbewussten in naher Zukunft ausgeht. Wir Konsumenten seien Meister der Verdrängung und ließen unangenehme Bedrohungs- oder Schuldgefühle beim Einkaufen nicht gerne an uns ran. Realistischer sei es wohl, auch die Menschen nach und nach mit in den nachhaltigeren Konsum zu holen, die nicht verbissen in kurzer Zeit die Welt retten wollen, sondern „irgendwie etwas Gutes tun, irgendwie sozialer handeln, irgendwie Schlimmeres vermeiden“ wollen.

Mehr Nachhaltigkeit ist deshalb eine Chance für die Lebensmittelbranche, denn gut essen und trinken und gleichzeitig etwas Gutes für Umwelt und Gesellschaft tun – ein besseres Gefühl gibt's kaum. Die Menschen müssen dabei jedoch aktiv mitgenommen werden. Durch Aufklärung, Kommunikation und Partizipation – und damit letztendlich auch mit Argumenten für einen höheren Preis.

**Kunden aktiv mitnehmen**

Helfen könnte dabei – ähnlich wie der Nutri-Score („Lebensmittel-Ampel“) – ein Klima- oder Umweltlabel, das den Zusammenhang zwischen Ernährung und Umwelteinfluss deutlich macht. Diese Maßnahme würde laut der Nestlé-Studie „Klima und Ernährung 2021“ auch von den 31 Prozent der Bevölkerung begrüßt, die angaben, es sei für sie schwer einzuschätzen, wie klimaschädlich oder -freundlich sie sich heute ernährten.

Gefördert hat die Corona-Krise in diesem Kontext auch das Bewusstsein der Bevölkerung, dass Food Waste weder ethisch akzeptabel noch umweltverträglich ist. Sowohl die Vermeidung von Lebensmittelabfällen als auch die grundsätzliche Problematik von umweltschädlicher Verpackung vieler Lebensmittel hat an Bedeutung gewonnen. Neue Läden, die unverpackte Lebensmittel verkaufen, sowie vom Käufer selbst mitgebrachte, mehrfach verwendbare Einkaufsbeutel anstelle der einmal verwendeten Plastikbeutel finden Anklang und zeigen, dass mehr und mehr Verbraucher bereit sind, auf gewisse Convenience-Leistungen zum Wohle der Umwelt zu verzichten.

**(Food) Waste**

# 5 Digital wird normal

Während in den privaten Haushalten und in der Privatwirtschaft die Versorgung mit Smartphones, Laptops und Tablets bereits ein hohes Niveau erreicht hat, ist in der Corona-Krise deutlich geworden, dass es in Schulen und Behörden einigen Nachholbedarf gibt. Neben der Verbesserung der keineswegs perfekten flächenmäßigen Infrastruktur für Mobilfunk, mobiles und sogar stationäres Internet ist die Aufgabe des Staates klar: In den kommenden Jahren muss schnellstens nachgerüstet werden, sowohl in Hardware wie auch in die Ausbildung der Anwender zur Nutzung der zeitgemäßen Software.

**Öffentlicher Nachholbedarf**

So gesehen hat Corona dem Thema Digitalisierung in Deutschland einen ordentlichen Schub gegeben – was jetzt die Möglichkeit eröffnet, zu den führenden Ländern auf diesem Feld aufzuschließen. Diese schon längst fällige Investition in Bildung und Business wird einen erheblichen Beitrag zur Verbesserung der Wettbewerbsfähigkeit Deutschlands leisten.

Die Privathaushalte waren auf die Krise überwiegend besser vorbereitet als der Staat. Der Anteil der Haushalte mit Mobiltelefon lag 2020 bei 97,5 Prozent und es gab 60,7 Millionen aktive Nutzer von Smartphones (de.statista.com). Und die Menschen haben die digitalen Möglichkeiten während der Pandemie intensiv genutzt und trainiert. Vom bargeldlosen Bezahlen über das Online-Banking bis zum E-Commerce – überall starke Akzeptanz und wachsende Nutzung durch die Menschen in unserem Land. Zudem nutzen die Deutschen Social Media immer intensiver für Infor-

**Hohe Akzeptanz**

mation und zur Kommunikation. Laut dem Digital 2020 Report für Deutschland von Hootsuite nutzen User das Internet rund 4 Stunden 52 Minuten pro Tag. Nahezu die Hälfte der Gesamtbevölkerung ist auf Social Media engagiert. Wie zu erwarten, nimmt ein höherer Anteil der jüngeren Menschen intensiver die Möglichkeit der privaten Kommunikation über soziale Netzwerke wahr (89 % zwischen 16 und 24 Jahren, 73 % zwischen 25 und 44 Jahren, 43 % zwischen 45 und 64 Jahren, 18 % bei über 64 Jahren; Quelle: Auswertung des Statistischen Bundesamtes).

Social-Media-Nutzung

Die Rangliste der beliebtesten sozialen Netzwerke, ermittelt in einer ARD-ZDF-Onlinestudie aus dem Jahr 2020, zeigt bei allen Erwachsenen ab 14 Jahren Facebook, Instagram und Snapchat vorne. In der jungen Zielgruppe (14–29 Jahre) liegt Instagram vor Facebook. Die wichtigste Kommunikationsplattform war im

Zeitraum zwischen 2018 und 2020 jedoch WhatsApp; der Messenger-Dienst wird mittlerweile auch von einem Drittel der Erwachsenen zwischen 50 und 69 Jahren genutzt.

**Streaming und Gaming**

Auch Streamingplattformen beziehungsweise VoD und E-Gaming sind klare Gewinner der Corona-Krise. Inwieweit sich daraus erweiterte Werbemöglichkeiten ergeben, wird die Zukunft zeigen. Auf jeden Fall lassen sich, basierend auf der Auswertung des Nutzerverhaltens (Film- und Serienauswahl, Gaming-Wahl und -Frequenz), spezifische Personenkreise gezielt mit Werbebotschaften ansprechen, was interessant für die Mediainvestitionen ist.

Die Bedeutung dieses Kommunikationsverhaltens für das Marketing im Food Business ist offensichtlich. Da Food von Bildern und Emotionen lebt, sind die erwähnten Plattformen perfekte Werbeflächen.

Die durch die Corona-Krise beschleunigte Durchdringung aller Altersschichten mit digitalen Devices und Know-how bietet gerade Lebensmittelherstellern und -händlern zukünftig eine noch bessere Möglichkeit, direkt mit den Kunden zu kommunizieren und schnell auf deren Bedürfnisse zu reagieren. Der Anteil von Food am E-Commerce in Deutschland wird zwangsläufig in den kommenden Jahren schneller wachsen, als noch vor Corona prognostiziert.

# 6 Regionalität

Die Globalisierung hat uns viele Vorteile gebracht. International freie Warenbewegungen haben auch bei Lebensmitteln die Angebotsvielfalt erhöht und durch den globalen Wettbewerb attraktive Endverbraucherpreise ermöglicht. Insbesondere Deutschland als Exportnation hat von der Globalisierung profitiert, und der Wohlstand der letzten 20 Jahre wurde nicht zuletzt dadurch ermöglicht. Allerdings wurden wichtige „Nebenwirkungen" der Globalisierung lange nicht beachtet. Gerade die Corona-Krise hat einige Schwächen deutlich gemacht. In Verbindung mit der sich verschärfenden Klimakrise wurde deutlich, dass hier nachgebessert werden muss. Es geht nicht darum, die Globalisierung generell infrage zu stellen, sondern sie anders zu gestalten und die Wertschöpfungsketten verantwortungsvoller auszurichten. Der einseitige Blick auf die Anbau- und Herstellungskosten ist vorbei.

**Nebenwirkungen der Globalisierung**

Fragen nach Mindestlohn, Menschenrechten, Naturschutz oder Klimabelastungen auf Transportwegen müssen zukünftig deutlicher gestellt und beantwortet werden. Die Kosten der Umweltbelastung bei Herstellung und Transport sind Teil des Endverbraucherpreises und müssen sich dort auch wiederfinden. Die Abhängigkeit von Waren aus dem außereuropäischen Ausland ist in der Corona-Krise ebenfalls mehr als deutlich geworden.

Dies sind nur einige Gründe, warum die Menschen in Deutschland vermehrt nach regionalen Produkten greifen. In der Lebensmittelbranche hatte man dies schon länger als Trend erkannt, der durch die Krise noch verstärkt wurde. Insbesondere frische Lebensmittel sollen im besten Fall vom Bauern aus der Region kommen. Das vermittelt Qualität, Kontrolle, Sicherheit und Umweltschutz durch kurze Transportwege. Außerdem unterstützt man die Bauern und damit die Heimat.

Konsumieren mit gutem Gewissen – das schmeckt. Wie sagte schon Johann Wolfgang von Goethe: „Siehe, das Gute liegt so nah".

**Was ist regional?**

Regionalität ist allerdings ein dehnbarer Begriff, für den es derzeit keine lebensmittelrechtlich eindeutige Festlegung gibt. Sind Kartoffeln aus Niedersachsen in Hessen ein regionales Produkt? Immerhin kommen sie nicht aus den Niederlanden oder Polen. Tomaten aus Spanien sind beliebt, aber „europäisch regional" und kommen nicht aus China. Was also ist regional? Offene Fragen, die dringend geklärt werden müssen, denn die Erwartungen gehen klar in die Richtung: Wann immer möglich, sollten frische Lebensmittel in der Nähe des Verkaufsorts angebaut beziehungsweise hergestellt werden, und das muss auch am Verkaufsort auf Basis des Lebensmittelrechts klar kommuniziert werden.

Der Wunsch nach frischen, unbelasteten Lebensmitteln aus der Region fördert auch deren Direktvermarktung. Insbesondere Landwirtschaftsbetriebe (oft mit Hofläden), regionale Brauereien oder kleine Food-Manufakturen profitieren von diesem Trend und der stärkeren Nutzung des Internets zum Einkaufen. Vor allem Großstädter lassen sich gerne beliefern und nutzen dabei die Convenience des E-Commerce. Damit vermeiden sie den Umweg über den Handel (was die Umwelt entlasten und Kosten einsparen kann) und teilen die Lieferung in der Familie beziehungsweise im Freundeskreis auf, da die Mindestbestellmengen für eine kostenfreie Anlieferung zumeist für den einzelnen Haushalt zu groß sind.

# 7 Gesund alt werden

Die demografische Entwicklung führt uns in eine Gesellschaft der „jungen Alten“. Sehr viele älter werdende Menschen werden zukünftig die Nachfrage nach Food Products und Services bestimmen. Das war schon vor Corona so und wird weiter an Bedeutung gewinnen. Die Pandemie hat uns drastisch vor Augen geführt, dass Betreuung und Pflege unserer älteren Mitbürger eher unzureichend organisiert sind und zukünftig besonderer Aufsicht und Sicherheit bedürfen. Alte Menschen sind durch Corona stärker in den Fokus der Gesellschaft geraten.

**Prophylaxe durch Ernährung**

Uns wurde deutlich, dass es schon heute viele alte Menschen gibt und zunehmend mehr von uns in diese Bevölkerungsgruppe hineinwachsen werden – mit all den damit verbundenen Herausforderungen. Dabei wollen wir doch alle bei bester Gesundheit ein hohes Lebensalter erreichen. Unser Immunsystem sollte bis ins hohe Alter gestärkt werden und uns widerstandsfähig gegen Viren oder andere gesundheitliche Risiken machen. Dass die Ernährung dabei eine wichtige Rolle spielt, ist wissenschaftlich bewiesen und von einem Großteil der Bevölkerung verstanden. Geschmackvolles und gesundes Essen ist eine der wichtigsten Prophylaxen und gleichzeitig Lebensfreuden, die Menschen im Alter, ob außerhalb oder innerhalb von Senioren- oder Pflegeeinrichtungen, erfahren wollen.

---

Keine Abstriche beim Genuss, sinnvolle Convenience-Leistungen und hohe Ansprüche an einen garantierten Beitrag zu einer gesunden Ernährung werden zukünftig die entscheidenden Angebotsattribute für Lebensmittel sein.

---

Dies erfordert eine entsprechende Verbraucheransprache, die der Lebensfreude und Dynamik dieser Gruppe gerecht wird. Ein gesunder 70-Jähriger fühlt sich wie ein agiler 50-Jähriger und möchte auch so behandelt werden. Computer, Laptop und Smartphone sind wichtige Kommunikationsmittel der „jungen Alten". Bei aktiven Menschen in diesem Alter vermischen sich auch die Wertevorstellungen. Geprägt als Babyboomer, legen sie zwar Wert auf Wachstum und Optimismus, aber durch Corona sind viele vorsichtiger geworden und wünschen sich Sicherheit beim Einkauf und der Qualität von Lebensmitteln. Von den Generationen Y und Z übernimmt diese Generation gerne die Aufbruchsstimmung im Kampf gegen den Klimawandel, das Engagement für die Umwelt und die Verurteilung der negativen Auswirkungen von Globalisierung und unreflektiertem Massenkonsum.

**Ansprüche der jungen Alten**

Und die jungen Alten haben Zeit, sich online zu informieren und mit anderen Senioren zu kommunizieren. Diese äußerst mündigen Verbraucher hinterfragen die Aktivitäten und Services der Unternehmen, erwarten verständliche Antworten auf ihre E-Mails und zeigen sich loyal gegenüber Firmen und Marken, die sich um sie bemühen. Ernährungsberatung wird geschätzt, solange sie nicht dogmatisch Verzicht predigt (das macht schon der Arzt).

In den nächsten zehn Jahren wird die Anzahl der einzelnen Haushalte zunehmen. Mehr und mehr Single-Haushalte mit älteren Menschen werden entstehen. Neben den heute schon vielen Single-Haushalten wird das den Bedarf an Ein-Portions-Angeboten deutlich erhöhen: Die Nachfrage nach Fertiggerichten für eine Person und allgemein nach kleineren Packungsgrößen steigt. Aber auch Lieferdienste werden davon profitieren.

**Share of Stomach**

Da Senioren deutlich weniger Kalorien pro Tag (bis zu 1000 weniger als zum Beispiel 30-jährige Menschen) benötigen, wird wohl bei gleichzeitig stagnierender bis leicht rückläufiger Bevölkerung in Deutschland ein noch verstärkter „War for Calories" auf uns zukommen. Bei sinkender Gesamtnachfrage wird der „Share of Stomach" den Ausschlag geben, welche Food-Angebote sich durchsetzen.

---

Wertschöpfungsstrategie der Zukunft wird sein, den Preis pro Kalorie zu erhöhen, um den Verlust an Quantität durch erhöhte (und bezahlte) Qualität zu kompensieren.

---

**Jede Kalorie zählt**

Das Potenzial dafür wird hart umkämpft sein, man könnte sagen: Jede Kalorie zählt! Und dieser Wettbewerb findet praktisch täglich beziehungsweise wöchentlich aufs Neue statt, denn wie in kaum einem anderen Markt treffen Verbraucher im Food Business extrem kurzfristige Entscheidungen: Was esse ich heute oder in den nächsten Tagen? Selbst beim Einkauf von Lebensmitteln, ob off- oder online, werden viele Entscheidungen spontan getroffen. Das macht deutlich, wie intensiv das Werben um die tägliche Entscheidung der Menschen für das eigene Lebensmittelangebot in Zukunft werden wird.

Die Problematik der begrenzten Rentenzahlungen für viele Ruheständler wird natürlich Einfluss auf die Food-Nachfrage nehmen. Wenige werden sich im Alter viel leisten können, viele werden bei Lebensmitteln auf jeden Cent achten müssen.

**Premium oder Low Price**

Gut positionierte Premiumangebote müssen von ihrem Nährwertprofil und ihrer Verfügbarkeit her den Anforderungen der Senioren entsprechen, um auch in den nächsten Jahren Akzeptanz in der Zielgruppe der Kaufkräftigen zu erhalten. Wer dagegen Mass Producer ist oder werden möchte, für den sind Angebote im Low-Price-Segment chancenreich. Senioren haben Zeit, um den Markt nach preiswerten Lebensmitteln zu screenen, und die Transparenz im Web unterstützt sie dabei, ihr knappes Haushaltsbudget effizient zu verwalten.

Alles wird gut!

TEIL II

# 2030 – DER BLICK NACH VORNE

# 1 Gesellschaftlicher und wirtschaftlicher Ausblick

## Die Zusammensetzung der Bevölkerung

Wie stellt sich Deutschland 2030 soziodemografisch dar? Über wie viele Menschen sprechen wir und welche Ernährungsangebote erwarten sie? Eine Hilfe bei dieser Einschätzung bieten die statistischen Quellen und Prognosen (hierzu wurden Angaben von Eurostat, dem Statistischen Bundesamt und des Instituts der Deutschen Wirtschaft in Köln IW Köln genutzt)

> Pro Stunde ...
>
> ... werden in Deutschland **89** Kinder geboren.
>
> ... sterben in Deutschland **107** Menschen.
>
> Ohne Zuwanderung würde die Bevölkerung in Deutschland schrumpfen. Nach den Prognosen werden wir allerdings im Jahr 2030 in etwa genauso viele sein wie 2020.
>
> Quelle: Statistisches Bundesamt, Wiesbaden 2019. Zahlen gerundet.

Da in Deutschland im Jahresdurchschnitt weniger Kinder geboren werden als Menschen sterben, könnte man vermuten, dass sich unsere Bevölkerung (Stand Juli 2021: 83,2 Mio.) in den nächsten zehn Jahren reduziert. Doch es spielen noch andere Kriterien eine Rolle. Eurostat rechnet ohne Zuwanderung mit einer Bevölkerung von 79,7 Millionen Menschen. Das wäre ein deutlicher Rückgang zu 2020. Da aber von regelmäßiger Zuwanderung ausgegangen wird, rechnet

Eurostat mit einer Gesamteinwohnerzahl von gut 84 Millionen. Diese Prognose wird auch von der Erwartung Eurostats getragen, dass die Kinderquote in Deutschland in den kommenden Jahren wieder leicht steigen wird. Demgegenüber geht das Statistische Bundesamt eher von einer gleichbleibenden Geburtenrate aus. Da mit einer Zuwanderung nach Deutschland bis 2030 von jährlich 250 000 bis 300 000 Menschen gerechnet wird, kommt man also auf Basis der Berechnungen der genannten statistischen Quellen auf 83 bis 84 Millionen Einwohner.

**Bevölkerungszahl bleibt konstant**

Wie auch immer, wir werden 2030 wohl in etwa genauso viele Menschen satt machen müssen wie heute. Allerdings mit unterschiedlichen Ansprüchen. Der Anteil der älteren Menschen in unserem Land steigt bis dahin deutlich an. Es wird erwartet, dass dann 3 Millionen Rentner mehr als noch im Jahr 2019 Lebensmittel nachfragen werden. Da, wie bereits in Teil I erläutert, ältere Menschen im Durchschnitt einen deutlich niedrigeren Kalorienbedarf pro Tag haben als junge Menschen, wird der Kuchen der Gesamtkalorien, um deren Anteile sich die diversen Anbieter von Lebensmitteln streiten (Share of Stomach), um einige Millionen Kalorien am Tag kleiner. Es wird also zukünftig vermehrt darum gehen, nicht die Menge an, sondern den Wert pro Kalorie durch qualitativ höherwertige Lebensmittel zu steigern.

Weiterhin wird sich die Struktur der Haushalte weiter in Richtung Ein- und Zweipersonenhaushalte entwickeln. Das Statistische Bundesamt erwartet bis 2030 ein Wachstum der Single-Haushalte um rund 11 Prozent und einen Rückgang der Vierpersonenhaushalte um circa 25 Prozent. Diese Entwicklung hat, bezogen auf die Nachfrage nach Lebensmitteln, immense Auswirkungen. Mehr Ein-Portions-Größen und eine geringere Kochbereitschaft (vor allem von montags bis freitags) werden die Folgen sein. Home Delivery wird davon profitieren.

**Mehr Singles**

Auch der Anteil der Menschen mit Migrationshintergrund wird weiter wachsen. 2021 haben laut Statistischem Bundesamt 21,2 Prozent der Einwohner in Deutschland einen Migrationshintergrund, 11,4 Millionen Menschen werden unter der Bezeichnung „ausländische Bevölkerung“ geführt. Durch die erwähnte prognostizierte Zuwande-

**Mehr Zuwanderung**

rung bis 2030 könnte sich diese Anzahl auf etwa 12 bis 13 Millionen erhöhen. Erwartet wird die Zuwanderung vor allem aus dem osteuropäischen Raum, aus dem arabischen Raum, aus Afrika sowie Südasien. Das hat natürlich Auswirkungen auf die Nachfrage nach Lebensmitteln. Schon in den vergangenen Jahrzehnten – beginnend mit den „Gastarbeitern“ in den 1950er Jahren – haben Menschen aus anderen Ländern und ihre Nachkommen nicht nur die Restaurantszene bereichert, sondern auch das Angebot an Nahrungsmitteln erweitert (Olivenöl, Knoblauch, Pizza, Döner, Sushi etc.). Neue Zutaten und Gerichte wurden und werden nachgefragt, die bisher bestehende Angebote ergänzen oder ersetzen werden.

**Internationale Spezialitäten**

Zusammenfassend kann man sagen:

1. 2030 leben in etwa gleich viele Menschen in Deutschland wie heute.
2. Es wird deutlich mehr ältere Menschen (über 65 Jahre) geben.
3. Die Anzahl der Single-Haushalte steigt, die Anzahl der Vierpersonenhaushalte geht signifikant zurück.
4. Der Anteil von Menschen mit Migrationshintergrund erhöht sich deutlich.

## Relevante Themen

Man muss kein Prophet sein, um vorauszusagen, dass das Thema Umweltschutz und die Anstrengungen, den Klimawandel zu kontrollieren, in den kommenden Jahren einen erheblichen Einfluss auf die Herstellung, den Transport, die Lagerung und den Konsum von Lebensmitteln haben werden.

Die Verbraucher in Deutschland verändern ihr Verhalten nur zögerlich – vor allem, wenn sich die „Umweltfreundlichkeit“ eines Lebensmittels in einem höheren Preis oder einem deutlichen Convenience-Nachteil ausdrückt. Aber auch ihnen wird mehr und mehr bewusst, dass sie die Konsequenzen, die sich aus der Korrektur des Klimawandels ergeben, mittragen müssen: 66 Prozent machen sich um Erderwärmung und Klimawandel „große oder sehr große Sorgen“, wie eine Erhebung vom

**Sorge um die Umwelt**

Institut für Demoskopie Allensbach (aus FAS vom 20.06.21) zeigt. Damit wird die Bekämpfung des Klimawandels auch als wichtigste globale Herausforderung gesehen.

Durch neue gesetzliche Rahmenbedingungen wird die gesamte Wertschöpfungskette betroffen sein:

- Boden- und Pflanzenschutz durch weniger chemische Düngung,
- Ausschluss von kritischen Pharmazeutika in der Viehzucht,
- deutlich strengere Vorgaben bezüglich des Tierwohls in Zuchtbetrieben,
- Vorgaben beim Umgang mit Wasser im Produktionsprozess und
- konsequente Regelungen bezüglich der Vermeidung und des Recyclings von Getränke- und Lebensmittelverpackungen.

Die Verbindung von gesunder Ernährung und der Vermeidung von negativen Einflüssen auf die Umwelt wird im Zentrum politischer Aktivitäten stehen. Die Millennials und die Generation Z werden 2030 in Politik und Wirtschaft verantwortliche Positionen einnehmen. Ihre Einstellungen zu einem klimafreundlichen und gesellschaftlich verantwortlichen Verhalten werden sich auch in konkreten Handlungen zeigen. Als „gesund" eingestufte Lebensmittel werden deshalb mit großer Wahrscheinlichkeit steuerlich entlastet, als „ungesund" eingestufte steuerlich belastet werden.

**Verantwortung in Politik und Wirtschaft**

Ich erwarte weitere Lenkungsversuche der Politik durch höhere Steuern, zum Beispiel auf Fleisch- und Wurstwaren, Zucker oder Plastikverpackungen. Auch mit weiteren Verboten (wie das heute schon bestehende Verbot von Einkaufstüten aus Plastik im Handel) ist zu rechnen. Transporte von lebenden Tieren zu Schlachthöfen durch halb Europa wird es weiter geben, allerdings weniger und mit strengeren Tierschutzauflagen.

Ob sich durch Herstellung und Transport von Lebensmitteln entstandene Umweltkosten zukünftig im Endverbraucherpreis wiederfinden, wird sich zeigen. Die Diskussion um eine Bepreisung dieser Kosten ähnlich dem gerade verabschiedeten $CO_2$-Preis hält ja schon länger an und

**Umweltkosten**

könnte in den nächsten zehn Jahren ebenfalls zu einem fixen Kostenfaktor bei der Kalkulation von Lebensmittelpreisen werden.

Die natürliche Aufzucht von Rindern und Schweinen wird durch gesetzliche Vorgaben wahrscheinlich so verteuert werden, dass die Nachfrage über den Preis zukünftig deutlich nach unten korrigiert wird. Bedenkt man, dass zur Herstellung von nur einem Kilo Rindfleisch etwa 22 Kilogramm $CO_2$ freigesetzt werden und 9 Kilogramm Getreide und mehrere Tausend Liter Wasser notwendig sind (PTAPlus Nachhaltigkeit und Innovationen), wäre dies nicht überraschend. Diese Überlegungen treffen natürlich auch auf die Geflügelaufzucht oder die Fischzucht zu.

Überhaupt wird der gesellschaftliche und politische Anspruch an Unternehmen der Lebensmittelbranche deutlich zunehmen. Unternehmen und ihre Marken werden stark an ihrer Verantwortung und Beteiligung gesamtgesellschaftlicher Interessen gemessen.

---

Wirtschaftlicher Erfolg muss im Einklang mit Umwelt und Gesellschaft entwickelt werden. Der klimafreundliche Wohlstand wird das formulierte Ziel.

---

**Faires Handeln**

Durch nachhaltiges Wirtschaften werden Gewinne erzielt, Steuern bezahlt, Arbeitsplätze gesichert und neue geschaffen bei gleichzeitig fairem Umgang mit den Menschen inner- und außerhalb des Unternehmens und verantwortungsvollem (und transparentem) Umgang mit unserer Umwelt. Gesetze werden eingehalten, Steuern korrekt bezahlt.
Das Unternehmen engagiert sich dafür, die Lebensqualität der Gesellschaft, in der es angesiedelt ist, zu verbessern. *Fairness* im wirtschaftlichen und gesellschaftlichen Handeln wird ein wichtiger Imagefaktor und damit zum erfolgsversprechenden Wettbewerbsfaktor.

Wenn das alles passt, ist die Existenz eines Unternehmens mit seinem Angebot gerechtfertigt und gesellschaftlich anerkannt, ja sogar erwünscht. Man spricht in diesem Zusammenhang auch vom Purpose: Er definiert den Beitrag des

Unternehmens, ausgewogen zwischen den Elementen Ökologie, Gesellschaft und monetärem Gewinn zu agieren, und erklärt, *warum* eine Organisation ihre Existenzberechtigung hat.

| Element | Anwendung | Rolle im Leitbild |
|---|---|---|
| **Purpose** | Definiert den **Beitrag** des Unternehmens, ausgewogen zwischen den Elementen Ökologie, Gesellschaft und monetärer Gewinn | Erklärt, **warum** eine Organisation besteht |
| **Mission** | Beschreibt ein **erstrebenswertes Ziel**, welches es zu erreichen gilt; leitet sich direkt aus dem Purpose ab | Erklärt, **wohin** eine Organisation strebt |
| **Vision** | Beschreibt die **strategischen Linien**, die Wege zur Erreichung der Vision | Erklärt, **was** getan werden muss, um den Zukunftszustand zu erreichen |
| **Werte & Prinzipien** | Beschreiben das **Verhalten der Organisation**, ausgedrückt durch das gemeinschaftliche Verhalten aller einzelnen Mitarbeiter | Erklärt, **wie** die Mission vollzogen wird; formalisiert die Unternehmenskultur |

„Purpose" als Basis allen Handelns (nach Brendel, 2019)

## Wirtschaftliche Rahmenbedingungen

Prognose vor Corona

Bezogen auf die Entwicklung der Wirtschaft prognostizierte das Bundesministerium für Verkehr und digitale Infrastruktur (BMVI) vor der Corona-Krise ein durchschnittliches jährliches Wachstum von 1,14 Prozent des Bruttoinlandprodukts (BIP) bis 2030. Man ging also von einem stabilen niedrigen Wachstum aus. Wenn dem so wäre, hätten wir dann eine ähnliche wirtschaftliche Situation wie im Jahr 2019. Gute Beschäftigungslage, gute Auftragslage in der Industrie, eine sehr zufriedenstellende Konsumnachfrage und entsprechend hohe Steuereinnahmen, die nötige Investitionen erlauben und den Wohlstand in Deutschland (wenn auch längst nicht für alle) sichern.

Vor dem Hintergrund dessen, was wir heute wissen, erwarte ich in den nächsten Jahren einen deutlichen Konjunkturabschwung. Die Nachwirkungen der Corona-Krise, die Herausforderungen im Zuge der beschleunigten digitalen Transformation unserer Wirtschaft sowie die sicher anhaltende Unsicherheit internationaler Handelsbeziehungen – all diese Unwägbarkeiten lassen diese Prognose durchaus zu. Zudem werden in den nächsten Jahren wichtige Nachbarländer und Wirtschaftspartner in der EU vermutlich auf ein konjunkturelles Tief zusteuern, sodass von dieser Seite kaum Auftriebskräfte zu erwarten sind.

Nach Corona blicken wir in Deutschland auf eine immense Staatsverschuldung, wachsende Kosten für Kranken- und Seniorenpflege, zunehmende Ausgaben für Sozialleistungen auf dem Arbeitsmarkt und steigende Rentenzahlungen. All dies wird zu höheren Steuern und Abgaben und in der Folge zu höheren Preisen führen. Der aufkommenden Inflation stehen dann sehr wahrscheinlich stagnierende oder schlimmstenfalls sinkende Realeinkommen gegenüber.

**Große Herausforderungen**

Ich rechne bis 2024/25 mit einer deutlich höheren Arbeitslosenquote als noch im Jahr 2019, was für Staat, Industrie und Handel weniger Mittel für Innovationen und langfristig notwendige Investitionen bedeuten würde.

Diese Entwicklungen werden unsere Gesellschaft extrem fordern, denn den Gewinnern der Krise und der digitalen Transformation steht eine beachtliche Anzahl an Menschen mit niedrigstem Einkommen gegenüber.

Clemens Fuest schreibt in diesem Zusammenhang in seinem Buch *Wie wir unsere Wirtschaft retten* Folgendes: „Die durch die Corona-Krise beschleunigte Transformation in Bezug auf die Digitalisierung verstärkt auch den Trend zu wachsenden Einkommensunterschieden. Die Kluft zwischen hoch und weniger hoch qualifizierter Arbeit wird breiter. Die Menschen, die die anspruchsvolle Welt der Digitalisierung verstehen und produktiv unterstützen können, werden ein Teil von Wachstum und Wohlstand sein. Diejenigen, die nicht an dieser Transformation von Gesellschaft und

**Kluft wird breiter**

Wirtschaft teilhaben, werden die zunehmende Unterstützung des Sozialstaates nötig haben. Deshalb, noch getrieben durch den demografischen Wandel in der deutschen Gesellschaft, könnte durch zunehmende Arbeitslosigkeit und steigende Sozialhilfe unser Staat in den nächsten Jahren in heftige Turbulenzen geraten."

Nach der Überwindung der Pandemie oder besser, wenn wir in zwei bis drei Jahren die Kontrolle über sie gewonnen haben, wird es wie nach jeder großen Krise einen kurzen Aufschwung geben: Die Menschen freuen sich über die wiedergewonnene Freiheit und wollen sich selbst nach den überstandenen Restriktionen während der Krise belohnen. Die Lebensfreude wird sich in Events, Restaurantbesuchen, Urlaubsreisen und Shopping-Touren ausdrücken. Also: zunächst starkes Wachstum und Euphorie!

Kurzer Aufschwung

Aber die Skepsis mit Blick auf das Erlebte und die Zukunft schwingt dort schon mit. Die Mehrheit der Deutschen schätzt die Zukunftsperspektiven der deutschen Wirtschaft pessimistisch ein. 53 Prozent sind davon überzeugt, dass die Folgen der Corona-Krise die deutsche Wirtschaft langfristig schwächen werden. Nur 29 Prozent gehen davon aus, dass sich die deutsche Wirtschaft nach dem Ende der Pandemie rasch wieder erholen wird (Institut für Demoskopie Allensbach, 1000 Befragte/Bevölkerung ab 16 Jahre/Februar 2021). Man kann also davon ausgehen, dass nach Abebben der ersten Euphorie eher Vorsicht in die Geldbeutel beziehungsweise Kreditkarten der deutschen Bevölkerung einziehen und der Alltag sparsam gestaltet werden wird.

Das würde auch entsprechende Auswirkungen auf die Nachfragesituation bei Lebensmitteln mit sich bringen. Bei einer deutlich erhöhten Anzahl von Arbeitslosen und Rentnerhaushalten mit einem Einkommen auf Grundversorgungsniveau wäre die Nachfrage nach preiswerten Lebensmitteln auf einmal eine ganz andere Herausforderung für die Lebensmittelindustrie. „Gesunde" Bio-Lebensmittel oder teures Fleisch und Geflügel aus tiergerechter Haltung zum Beispiel wären dann für diese Menschen nicht mehr erschwinglich. Niedrigpreisangebote würden wachsen und Premiumpreisprodukte wären weniger gefragt. Unabhängig von der

Niedrigpreissektor dürfte wachsen

dann vermutlich aufkeimenden Diskussion über den fairen Umgang mit Menschen mit niedrigem Einkommen und deren Anrecht auf eine gesunde, bezahlbare Ernährung, müsste die deutsche Lebensmittelbranche dann Angebote bereitstellen, die Millionen von Menschen bezahlbare *und* qualitativ gute Produkte bieten.

---

Ich erwarte in der zweiten Hälfte der 2020er Jahre eine zunehmende wirtschaftliche Stabilität in vielen der Länder, die aktuell von der Corona-Krise hart getroffen wurden, darunter auch Deutschland.

---

**Ab 2025 wieder aufwärts**

Die Investitionen in Digitalisierung und Klimaschutz zahlen sich dann sichtbar aus. Neue Arbeitsplätze in diesen Bereichen sind entstanden, die Produktivität hat sich durch die Digitalisierung deutlich erhöht und die Integration von Umweltschutzmaßnahmen in das wirtschaftliche Handeln ist zum Standard geworden. Fazit: Ich sehe der zweiten Hälfte der 2020er Jahre durchaus optimistisch entgegen.

Keiner weiß, wie es 2030 wirklich sein wird, aber wenn wir bis dahin wieder auf einem gesunden Wachstumskurs sein wollen, müssen wir auf dem Weg dorthin sowohl auf ein Wachstums- als auch auf ein Rezessionsszenario in der Lebensmittelbranche vorbereitet sein. Auf das Beste hoffen, aber auch auf das Schlimmste vorbereitet sein.

**Wenig Verlass auf lineare Prognosen**

Die Zeit, in der dieses Buch entstand, war von erheblicher Volatilität geprägt. Die weltweite Pandemie und die durch Kriege, Armut und Hunger bedingten Flüchtlingsströme in sichere Länder machen deutlich, wie schnell auch vermeintlich stabile Gesellschaften und Märkte in schwieriges Fahrwasser geraten können. Hieran wird deutlich, dass in unserer heutigen Welt mit ihren offenen Grenzen und globalen Handelsbeziehungen lineare Prognosen, die auf Basis von Vergangenheitsdaten erstellt werden, eher der Beruhigung von Bevölkerung und Wirtschaft dienen, als verlässliche Planungsgrundlage zu sein.

# 2 Beschaffung von Lebensmitteln

Lebensmittel werden in zehn Jahren ähnlich erworben wie schon heute. Lediglich die Anteile der Beschaffungsmethoden verändern sich in der Struktur, die Differenzierung zwischen Versorgungs- und Erlebniseinkäufen verstärkt sich. Online Shopping und Home Delivery spielen eine größere Rolle als heute und sind etabliert.

---

Im stationären Lebensmittelhandel wird es eine weitere Profilierung der Einkaufsstätten geben: einerseits auf hoch effiziente Versorgungsbedürfnisse, andererseits für erlebnisorientierte Einkaufstouren.

---

Die am Discount orientierten Lebensmittelgeschäfte für die Versorgung sind hocheffizient gestaltet: Schnell und einfach muss es gehen. Zentral gelegen, gut zu erreichen, überschaubares Sortiment, möglichst alles digital gesteuert. Kein Aufenthalt an der Kasse, Einkäufe werden digital erfasst und abgerechnet. Hauptbesuchszeiten von Montag bis Freitag.

**Effizient und digital**

Mitarbeiter wird man in diesen Lebensmittelgeschäften kaum sehen. Möglicherweise trifft man Hologramme von Mitarbeitern an oder kann sie aktivieren. Diese werden durch KI gesteuert und beantworten Fragen oder nehmen Anregungen auf. An den besuchten Kategorien kann man direkt vor den Regalen digital Produktinformationen abrufen.

Außer in diesen realen Versorgungs-Discountern kann man auch mithilfe von Augmented Reality (AR) in virtuellen Lebensmittelwelten einkaufen. Wie kann man sich das vorstellen? Nachdem ich mich dort angemeldet habe und die Bezahlmodalitäten gespeichert sind, kann ich mich jederzeit mit der Datenbrille in diesen virtuellen Supermarkt begeben. Zur Begrüßung erinnert mich der freundliche Marktleiter an meine letzten Einkäufe, sodass ich die Grundversorgung schnell abhaken kann. Dann weist er mich auf besondere Tagesangebote hin. Ich sage, welche Waren mich aktuell interessieren, und stehe in Sekundenschnelle vor dem entsprechenden Regal. Greife ich nach einem Produkt, erscheinen alle wichtigen Informationen abrufbar in einem Banner. Die Preise sind flexibel und werden stündlich aufgrund diverser Nachfrage- und Angebotsparameter angepasst. Entscheide ich mich für den Kauf, erscheint das Produkt im Warenkorb. Bevor ich den Supermarkt verlasse, schlägt mir der Marktleiter mehrere Lieferzeitfenster

**Virtueller Supermarkt**

innerhalb der nächsten 24 Stunden vor. Wenn ich möchte, werden mir die Lebensmittel schon 30 Minuten nach dem Einkauf nach Hause gebracht. Die Rechnung für die bestellten Waren inklusive der Liefergebühren wird zeitgleich bei meinem Finanzdienstleister beglichen.

Möchte ich das Einkaufen bewusst mit dem Anspruch an höhere Qualität und Frische, breitere Auswahl, Inspiration und vielleicht auch fachliche Beratung verbinden, nehme ich mir die Zeit und freue mich auf den Besuch direkt im Geschäft, der für die berufstätige Bevölkerung meist am Freitagabend oder am Samstag stattfindet. Diese Frischemärkte, Markthallen mit Street-Food-Charakter oder Bauernhofmärkte bieten neben vielen regionalen und Bio-Produkten auch mehrere Verkostungsstände, Coffee Corner und Snack Points. Auch Food to go wird angeboten, das ähnlich wie bei Street Food frisch für den Kunden zubereitet wird.

**Frische mit Event-Charakter**

Für Unterhaltung ist auch gesorgt. Es gibt Koch- und Backvorführungen, Info-Corner beispielsweise für die heimische Kräuterzucht oder über den Anbau von Kaffee in Costa Rica. Eine kleine Bühne für Musiker aus der Region bietet auch Unterhaltung und lädt zum Verweilen ein. Während das Angebot und Programm am Wochenende auf Singles und Familien ausgerichtet ist, wird es während der Woche auch auf Rentnerhaushalte zugeschnitten.

Über den Parkplätzen der Lebensmittelgeschäfte wird es auch zu Werbung mithilfe von Drohnen kommen. Diese kann sowohl mit Bannern als auch mit Audio-Botschaften gestaltet sein. Aktuellste Angebote oder grundsätzliche Informationen zum besuchten Geschäft können so kommuniziert werden.

**Treffpunkt Hofladen**

Neben diesen stadtnahen Markthallen wird es auch vermehrt Hofläden in den Einzugsgebieten größerer Städte geben. Ehemalige reine Bauernhöfe oder Obsthöfe werden sich zu Treffpunkten entwickeln, die Menschen, die auf regionale Produkte, den natürlichen Umgang mit unseren Ressourcen und den persönlichen Kontakt mit den Erzeugern Wert legen, ansprechen. Dort kauft man ein, trifft Gleichgesinnte oder konsumiert kleine Gerichte und Getränke.

Hier kann man auch eigene kleine Flächen zum Salat- und Gemüseanbau anmieten und bewirtschaften, sodass der Ausflug zur Bestellung des eigenen Ackers gut mit der Einkehr im Hofladen verbunden werden kann. Der „Schrebergartenwunsch" des Städters kann so zukünftig in Erfüllung gehen.

**Lieferdienste auf dem Vormarsch**

Neben den Einkäufen im stationären Lebensmittelhandel wird das Home Delivery eine deutlich wichtigere Rolle spielen als heute. Dabei sind Convenience- und Homemade-Bedürfnisse zu berücksichtigen. Neben der traditionellen Lieferung von Getränken nach Hause sind nahezu alle sonstigen Lebensmittel online zu kaufen. Wer es bequem mag oder jegliche Kochkenntnisse vermissen lässt, wird Ready Meals von der Pizza bis zum aufwendigen Sterne-Menü im Web bestellen können. Wer das eigene Zusammenstellen einzelner Menübestandteile im stationären Handel einsparen will, wird sich eine Kochbox mit allen notwendigen Zutaten für die gewünschte Menüauswahl (Vegetarisch, Balance, Low Carb, Mediterran,

Deutsche Klassiker etc.) liefern lassen und die Zubereitung und finale Würzung selbst übernehmen. Wer Hobbykoch ist und über gute Kochkompetenz verfügt, wird sich insbesondere spezielle Gewürze oder ausgefallene Zutaten, die im stationären Lebensmittelhandel nur schwer zu beschaffen sind, online besorgen. Aber auch speziell auf bestimmte gesundheitliche Ernährungsbedürfnisse ausgerichtete Lebensmittel bis hin zu fertigen Menüs wird man nach Hause bestellen können.

Wie Matthias Schu in seinem 2020 erschienenen Buch *Das E-Food Buch* (Deutscher Fachverlag) beschreibt, werden Mobile Commerce, Voice und Speed (Lieferdienste wie die „Gorillas" bieten testweise heute schon die Belieferung innerhalb von 15 Minuten nach Bestellung an) die Treiber des Wachstums von Lebensmittelumsätzen via Internet sein. Bestell-, Bezahl- und Liefer-Convenience werden 2030 auf einem sehr hohen Niveau angeboten und das E-Food-Business fördern. Aber auch dieses Modell ist mit gewissen Einschränkungen beziehungsweise Vorbehalten verbunden – man denke zum Beispiel an Liefergebühren, an die fehlende persönliche Kontrolle vor dem Einkauf bezüglich Frische und Qualität (bei Obst, Gemüse, Fisch, Fleisch, Wurst und Käse), an die Mindestabnahmemenge, die angesichts der gestiegenen Anzahl von Single-Haushalten kaum noch zeitgemäß ist, sowie an den stationären Wettbewerb. Die Vorteile des stationären Lebensmittelhandels im Jahr 2030: große Outlets mit dem gewissen Frische- und Fachgeschäfte-Appeal, die Etablierung als sozialer Treffpunkt und die Möglichkeit (neben dem digitalen Bezahlvorgang), die dort erstandenen Lebensmittel nach Hause liefern zu lassen. Das ist insbesondere für Großfamilien und ältere Menschen attraktiv.

**E-Food vs. stationärer Handel**

---

Mit Sicherheit werden wir bis 2030 eine Verschmelzung von großen Handelsunternehmen mit Lieferspezialisten erleben. Von Kooperationen bis Übernahmen wird sich der Servicekreis schließen, und für uns Kunden wird der Lebensmitteleinkauf einfacher und attraktiver als jemals zuvor.

---

Auch das Crowdfarming wird in den kommenden Jahren an Bedeutung gewinnen. Crowdfarmer übernehmen für eine selbstbestimmte Zeit die Patenschaft für einen Baum, ein Feld oder auch ein Tier bei einem Landwirt, um später die Produkte davon/daraus von diesem „Farmer“ direkt zu erhalten. Die Direktvermarktung ist für den Landwirt wie den Kunden sinnvoll, denn man weiß einerseits konkret, wo die Ware herkommt und umgeht die Umweltbelastung durch den Transport über den Umweg des Handels, und andererseits kann der Landwirt höhere Preise für seine Ware erzielen und sicherer planen. Damit unterstützt der Kunde den Landwirt durch die höheren Preise auch im Sinne der Existenzsicherung. Allerdings können sich diese Qualität und Preise nur Menschen mit dem entsprechenden Einkommen leisten, sodass diese Initiative sicher kein Massenphänomen werden wird.

**Crowdfarming**

Für Menschen, die auf dem Land leben, wird die Versorgung mit Lebensmitteln mit der Hilfe von Drohnen möglich sein. Ein sicherer Drohnenlandeplatz muss zur Verfügung gestellt werden. Bestellung und Abrechnung erfolgen digital per App. Dazu bilden sich Hausgemeinschaften, sodass die Bestellmenge sinnvoll auf das Mindestbestellvolumen und die maximale Transportkapazität der Drohne ausgerichtet werden kann.

**Drohnen auf dem Land**

# 3 Cooking at Home und Küchentechnik

Auch im Jahr 2030 wird zu Hause gekocht – entweder weil es notwendig ist oder aus Lust auf frisch und selbst zubereitetes Essen. Neben dem Versorgungskochen wird das Lustkochen etwas ausgeprägter sein als noch im Jahr 2020. Während der Corona-Krise haben viele Menschen das Kochen und Backen zu Hause wiederentdeckt beziehungsweise ausprobiert. Dabei haben sich positive Gefühle wie „selbst gemacht", Kontrolle über die Frische, Qualität und Sicherheit der Zutaten sowie Anerkennung der Bekochten oder der in den Genuss der Backergebnisse Kommenden verfestigt. Dies hat auch nach der Corona-Krise zu vermehrtem Cooking & Baking at Home geführt.

**Mehr Verpflegung zu Hause**

Da sich 2030 sehr viel mehr Menschen tagsüber zu Hause verpflegen müssen, entweder weil sie in Rente sind, einen Homeoffice-Arbeitsplatz haben oder arbeitslos sind, gewinnen Lebensmittel an Bedeutung, die sich schnell und problemlos (convenient) zubereiten beziehungsweise verzehren lassen. Neben Snacks in allen Varianten sind auch Finger Food oder auch Screen Food genannte Zwischenmahlzeiten angesagt. Für größere Mahlzeiten sind vor allem die Mikrowelle und der Backofen wichtig – denn die Zubereitung des Essens soll für viele kein Zeitverlust oder eine Einschränkung der Freiheit bedeuten. Dies gilt insbesondere während der Arbeitszeiten von montags bis freitags. Da es deutlich mehr Single-Haushalte geben wird, sind vor allem Ein-Portions-Gerichte nachgefragt. Diese kleinen Haushalte nehmen auch die Home-Delivery-Angebote gerne in Anspruch.

Man kann davon ausgehen, dass sich bis 2030 die Qualität der Fertigprodukte deutlich verändert haben wird. Sie sind frei von künstlichen Zusatzstoffen, es gibt weniger Verpackungen und diese sind entweder plastikfrei, biologisch abbaubar oder zumindest zu 100 Prozent recycelbar; Inhaltsstoffe und Herkunft der Zutaten sind transparent und vollständig zugänglich.

**Beratung online**

Wer kochen kann und die nötige Zeit dafür hat, wird sich entweder alle notwendigen Zutaten auf dem Markt beziehungsweise in Lebensmittelgeschäften besorgen oder sie sich nach Hause liefern lassen. Wer nicht beziehungsweise weniger gut kochen kann, kann Beratung durch einen Koch-Avatar im Web in Anspruch nehmen (entweder per Voice oder Film auf dem Tablet oder auf dem in den Küchenschrank integrierten Flat Screen).

Kochen wird 2030 aber auch ein Mittel der sozialen Interaktion sein. Entweder nimmt man von zu Hause aus an einem virtuellen Kochkurs mit einer überschaubaren Zahl an Personen und einem Koch beziehungsweise einer Köchin teil oder man besucht einen der analogen Kochkurse, wie sie vor allem in größeren Städten regelmäßig in entsprechend großen Küchen angeboten werden. Diese Kochkurse werden zu bestimmten kulinarischen Themen, für diverse Altersgruppen bis hin zu „Meet & Cook"-Events für Singles ausgerichtet.

**Nur wenige Hightech-Küchen**

Die technischen und digitalen Möglichkeiten, die man 2030 in der Küche und den dazugehörigen Küchengroßgeräten nutzen könnte, werden aber nur in relativ wenigen Küchen etabliert sein. Eine Küche wird in Deutschland im Durchschnitt nur alle 15 bis 25 Jahre erneuert, Küchengroßgeräte wie Kühlschrank oder Herd ebenfalls nur alle 15 Jahre. Das bedeutet, dass auch im Jahr 2030 noch viele Haushalte in den Küchen kochen und backen werden, die in den letzten 5 bis 10 Jahren angeschafft wurden. Nur eine Minderheit (ich schätze um die 20 Prozent) wird über Hightech-Küchen verfügen. Zudem wird der Anschaffungspreis eine nur für wenige überwindbare Hürde darstellen.

Die Besitzer der neuen Küchengeneration können dann ihren Kühlschrank und Herd/Backofen digital steuern. Per App, per Voice ist dann der Koch- oder Backprozess zu überwachen. Menüvorschläge und Koch- beziehungsweise Backanleitungen werden just in Time zur Verfügung gestellt. Dies kann durch einen in den Küchenschrank integrierten Flat Screen auch visuell unterstützt werden. Auch die direkte persönliche Beratung durch Koch- oder Ernährungsspezialisten von Institutionen, Herstellern, Markenartiklern und Handelsorganisationen ist möglich.

**Smart einkaufen**

Die Zutaten für die ausgewählten Rezepte werden automatisch als Einkaufsliste auf das Smartphone gesendet und, wenn gewünscht, direkt an einen Online-Lebensmittelhändler weitergeleitet. Alle frischen Lebensmittel werden beim Einräumen automatisch gescannt, sodass man auf seinem Smartphone ständig einen Überblick bzgl. der Haltbarkeit der Produkte hat. Zwei Tage vor dem Erreichen der Mindesthaltbarkeit der Lebensmittel kommt eine entsprechende Nachricht. Dieses System verhindert auf sinnvolle Weise Food Waste und schont die Haushaltskasse für Lebensmittel.

Kleinere Küchengeräte wie Wasserkocher, Kaffee- oder Teemaschinen, mobile Mikrowellen oder Koch- und Backhilfsgeräte (wie heute Thermomix, Cookit & Co) werden mit neuester Technologie in vielen Haushalten genutzt. Sprach- und App-Steuerung sind dann Standard.

3-D-Druck

Bei Bedarf können auch 3-D-Drucker in die Hightech-Küchen integriert werden. Diese ermöglichen, sich entweder durch kreative Formen der selbsterstellten Lebensmittel auszuprobieren, entsprechend einer gewünschten Diät Produkte mit den ausgewählten Nährstoffen herzustellen oder frische Chicken Nuggets aus im Labor auf Basis von Stammzellen gezüchtetem Hühnerfleisch zu produzieren. Dies könnte auch für ältere Menschen mit Kau- und Schluckbeschwerden (was bei Menschen über 80 Jahren häufig der Fall ist) interessant sein, da die Konsistenz des im 3-D-Druck hergestellten Fleisches bedarfsgerecht eingestellt werden kann.

Gärtnern für alle

Frische Kräuter und frisches Gemüse wird es 2030 in vielen Küchen beziehungsweise Wohnungen geben. Home Gardening oder Home Farming lässt sich dank Gewächshäusern in allen Größenordnungen sehr einfach umsetzen; außerdem werden Gemüse und Kräuter auf vielen verfügbaren Flächen mitten in der Stadt angebaut. Diese Urban-Gardening-Beete werden von privaten Haushalten, Wohngemeinschaften oder den Kommunen betreut.

# 4 Out of Home Consumption

Die Corona-Krise hat die Spielregeln für den Außer-Haus-Verzehr deutlich verändert. Eine beträchtliche Anzahl an Gastronomiebetrieben inklusive Café-Bars und Snack-Points hat nicht überlebt. Und aufgrund der veränderten Erwartungen und Anforderungen haben sich verschiedene Geschäftsmodelle durchgesetzt.

**Erwartungen der Gastro**

In einer qualitativen Befragung der Soda-Group von mehr als 20 Entscheidern aus den verschiedensten Gastronomiebereichen (soda-group.com) wurden unter anderem die folgenden Erwartungen formuliert:

- „Der Gast nach Corona ist nicht der gleiche wie vorher.
- Die Menschen werden zukünftig mehr als vorher überlegen, ob ihnen ein Restaurant wirklich mehr bietet, als sie in ihren eigenen vier Wänden schon haben.
- Den unbeschwerten Gast, der an engen Tischen sitzt und Hygienedefizite stillschweigend hinnimmt, wird es nicht mehr geben.
- Menschen werden sich auch im gastronomischen Alltag schnell an technische Scanner gewöhnen, wenn es um ihre Sicherheit geht.
- Sichtbare Desinfektion, Mundschutz und Handschuhe haben sich zu Vertrauensankern im Miteinander entwickelt. Sie werden sich zu einem neuen Standard entwickeln, aber keinesfalls alle Gäste überzeugen.
- Hygienemaßnahmen werden auch die Beziehung zwischen Gastgeber und Gast betreffen. Denn jeder Gast wird zum Risiko für den Betrieb. Sicherheit für Mitarbeiter und Gäste wird zum Maßstab.

- Die Gastronomie ist traditionell ein Spielfeld von Individualisten und impulsiven Machern. Diese Positionen wird sie über Jahre verlieren. Cashflow und Kapitalrentabilität werden zumindest ebenso wichtig sein wie Kulinarik und Handwerk.
- Konzepte mit klarer Positionierung und sympathischer und persönlicher Ansprache geben den Menschen die Orientierung, die sie jetzt und künftig brauchen.
- Soziale Medien avancieren in vielen Betrieben vom netten Nebenbei zum Kernaspekt der Kommunikation und zum breiten Pfeiler in der Strategie.
- Digitalisierung als Trend wird sich verstärken und alle Bereiche der Gastronomie verändern.
- Digitalisierung kommt jetzt auch im Kleinbetrieb an.
- Gäste erleben Digitalität in der Quarantäne als Selbstverständlichkeit. Und sie erwarten sie bei ihren Gastgebern.
- Ehemalige A-Lagen an Hochfrequenzstandorten kollidieren mit neuartigen, langfristigen Sicherheitsmaßnahmen nach Corona. Nachbarschaftslagen und ländliche Standorte werden ein Comeback erfahren."

In den kommenden zehn Jahren werden wir lernen mit dem Coronavirus zu leben. Wir werden ihm, insbesondere durch regelmäßiges Impfen, den ganz großen Schrecken nehmen. Ich erwarte deshalb neben den neu gelernten Hygiene-Basics eine gewisse Normalität in der Gastronomie. Junge und gesunde Menschen werden das Essen auch wieder gemeinsam in größeren Gruppen in ihren Lieblingsrestaurants genießen. Ältere und vorsichtige Menschen werden allerdings Wert auf Gastronomieangebote legen, wo Abstand zwischen den Tischen und zum Personal eingehalten wird (Abstand, Ruhe, Sicherheit).

**Immer digitaler**

Grundsätzlich wird sich in der Zukunft die digitale Voranmeldung beziehungsweise Registrierung der persönlichen Daten inklusive des Impfnachweises als Voraussetzung des Gastronomiebesuches etablieren. In modernen Restaurants, der System-Gastronomie (Digital Fast Food) oder in Coffee Shops wird auch die Bestellung und Bezahlung komplett digital erfolgen. Das Essen und die Getränke holt man sich nach der Benachrichtigung auf dem Smartphone an der Ausgabestelle ab. Ein Kontakt mit dem Personal kommt nur in Ausnahmesituationen zustande.

Kulinarisch wird es auch interessante Entwicklungen geben, die es aus der Sicht des Food Marketings im Auge zu behalten gilt. Die Restaurantszene bietet hier ein gutes Bild für möglicherweise neue Essens- oder Getränke-Trends. Einwanderer haben schon immer unsere kulinarische Welt erweitert. Bis 2030 könnten sich Lieblingsgerichte oder -getränke aus der Levante-Küche, aus Nordafrika, Syrien oder Osteuropa bei uns etablieren.

**Kulinarische Entwicklungen**

Interessante Entwicklungen in der Gastro-Szene von heute werden in den nächsten zehn Jahren weiter an Bedeutung gewinnen: Vegane, Vegetarische und Street-Food-Konzepte sind hier zu nennen. *Regio-Kitchen* oder *Bauernschmaus* könnten im Zeitgeist eine Rolle spielen. Aber auch Zero-Waste-Restaurants wie heute das „Nolla“ in Helsinki oder das „Frea“ in Berlin könnten als Vorbilder zu einer größeren Durchsetzung im Restaurant-Angebot führen.

Auch in die klassischen Restaurants werden die Ernährungstrends einfließen und wir werden zukünftig vielfältigere Angebote finden. Dazu ein Beispiel für eine Speisekarte aus Hessen, wie dann häufig Gerichte angeboten werden könnten:

> *Schnitzel vom „Hessischen Bio-Schwein“ vom Landgut Meier im Vogelsberg*
> oder
> *Schnitzel „Veggie“ aus 100% Pflanzen-Power*
>
> *jeweils mit selbstgemachten Pommes aus Wetterauer Kartoffeln und frischem Sommersalat aus dem Hausgarten*

Trendgemäß alles da: hohe Fleischqualität, vegetarische Alternative, Regionalität, Frische, homemade.

# 5 Essen und Trinken

Gegessen wird immer – und zwar am liebsten Vertrautes! Das ist auch im Jahr 2030 so. Currywurst, Schnitzel mit Pommes oder Spaghetti Bolognese gibt es dann natürlich noch, allerdings auch in alternativer Angebotsform. Entweder mit traditionellen Zutaten oder auf rein pflanzlicher Basis. Bis 2030 gibt es einige Veränderungen im Bereich Lebensmittel, auch größere in Form von neuen Nahrungsmitteln. Das hat unterschiedliche Gründe.

**Was bleibt – und was kommt**

***Zum Beispiel die wachsende Weltbevölkerung.*** In Deutschland leben im Jahr 2030 nicht signifikant mehr Menschen als zehn Jahre zuvor. Trotzdem gibt es weltweit deutlich mehr Menschen, und das hat Einfluss auch auf uns in Deutschland. Die Tatsache, dass die Weltbevölkerung weiter wächst, treibt die Forschung im Bereich Lebensmittel voran. Ziel: „Möglichst alle Menschen satt bekommen und gleichzeitig möglichst schonend mit der Natur umgehen." Dabei helfen Nahrungsmittel, die nicht tierischen Ursprungs sind. Also ein sachlicher Grund – der für manche Menschen allerdings auch einen persönlichen Wert darstellt. Deutlich mehr Menschen als bisher verzichten 2030 auf tierische Produkte, sind Vegetarier oder Veganer geworden. Sie werden motiviert von dem Wunsch nach einem sensiblen Umgang mit begrenzten Ressourcen (Wasser, Energie, Land), mehr Tierwohl und der Hoffnung auf eine bessere Gesundheit.

***Zum Beispiel neue kulinarische Einflüsse.*** Wie schon an anderer Stelle beschrieben, ist der Anteil an Menschen mit Migrationshintergrund gegenüber 2020 weiter gestiegen. Auch das ist ein Grund für das veränderte Angebot an Nahrungsmitteln und Gerichten. Nachdem die Liste unserer Leibgerichte über die Jahre um Pizza, Kebab, Hummus, Sushi & Co bereichert wurde, wird es spannend sein zu beobachten, welche neue ausländische Spezialität es in den kommenden Jahren in die engere Auswahl der deutschen Lieblingsgerichte schafft.

***Zum Beispiel die Ökologie.*** Nicht nur aus meiner Sicht der wohl wichtigste und dringlichste Grund: der Klimawandel. Er zwingt uns förmlich dazu, unser Verhalten anzupassen; dazu gehört auch unser Essverhalten. Es geht vor allem darum, Ressourcen besser zu schützen und weniger $CO_2$ auszustoßen.

## Ökonomie und Ökologie

**Gesund und nachhaltig**

Es geht auch 2030 darum, das bis dato bestehende Angebot gegen ein besseres auszutauschen – besser im Sinne von „gesünder" und „nachhaltiger". Die unterschiedlichsten Gruppen haben sich intensiv mit der Thematik auseinandergesetzt: Politik, Wissenschaft und Forschung, herstellende Unternehmen, Handel, Gastronomie, Verbraucher. Neue Technologien wurden entwickelt und implementiert, neue Produkte eingeführt und angenommen.

---

Die Generationen Y (Millennials) und Z (Nachfolgegeneration) haben ihren Einfluss deutlich vergrößert, sind von der Straße (Fridays for Future) in Politik und Wirtschaft gewandert.

---

Man kann davon ausgehen, dass sich im Jahr 2030 Ökonomie und Ökologie in unserer Gesellschaft einander weiter angenähert haben. Das lässt sich auch gut daran ablesen, dass die „Grünen" über die letzten Jahre immer mehr Wähler für sich gewinnen konnten. Corona hat trotz wirtschaftlicher Schäden diesen Trend noch verstärkt. Viele Menschen in Deutschland sehen die Themen Umwelt und Klima als hochrelevant an. Die Annäherung von Ökonomie und Ökologie zeigt sich im Bereich Food deswegen vor allem bei tierischen Produkten wie Fleisch, Fisch und Milch, auf die ich – unter anderem – im Folgenden näher eingehe.

## Nahrungsmittel

### Fleisch

***Natürlich erzeugt.*** Das Nahrungsmittel Fleisch nimmt 2030 eine spürbar andere Rolle auf unseren Tellern ein als noch 2020. Es lässt sich unterteilen in natürlich erzeugtes Fleisch (konventionell, Bio) und Fleisch, das in Laboren in sogenannten Bioreaktoren hergestellt wird. Die konventionelle Produktion von Fleisch ist stärker geprägt vom Tierwohl. Tiere werden artgerechter gehalten. Der Anteil der Menschen, die mit gutem Gewissen ein Stück Fleisch genießen möchten, ist gestiegen. Genauso wie der Fleischpreis, der angemessener berechnet wird. Wertschätzung und Achtung gegenüber Tieren und Landwirten sind nicht mehr nur Lippenbekenntnisse. Die höheren Fleischpreise sind allerdings für einige Verbraucher kaum zu bezahlen; natürlich erzeugtes Fleisch ist damit nicht mehr das alltägliche, günstige Nahrungsmittel für jedermann. Insgesamt wird weniger konventionell erzeugtes Fleisch gegessen, die Produktion ist bereits sichtbar rückläufig. Biofleisch ist ebenfalls natürlich erzeugtes Fleisch. Auch wenn sein mengenmäßiger Anteil über die Jahre weiter gestiegen ist, spielt Fleisch in Bioqualität 2030 keine große Rolle. Das liegt hauptsächlich am Preis.

**Faktor Preis**

***Im Labor erzeugt.*** Demgegenüber steht Fleisch aus dem Labor, sogenanntes In-vitro-Fleisch (auch Clean Meat genannt). Es basiert auf Stammzellen von echten Tieren und wird in einer künstlichen Umgebung mit einer Nährlösung erzeugt. Forschung und Herstellung sind 2030 so weit, dass Laborfleisch nahezu genauso viel kostet wie herkömmlich erzeugtes Fleisch. Das macht dieses Fleisch für Fleischesser attraktiv – wenn sie ihre Skepsis überwunden haben. Je besser sie sich informiert fühlen, desto eher sind sie bereit, In-vitro-Fleisch zu kaufen (proveg.com). Geruch, Konsistenz und Geschmack sind genauso wie bei natürlich erzeugtem Fleisch. Prognostiziert wird für 2030 ein jährliches Um-

satzvolumen von circa 140 Milliarden US-Dollar weltweit (de.statista.com). Die Zahlen basieren auf der Annahme, dass In-vitro-Fleisch behördlich genehmigt wurde. Für die EU gehe ich davon aus, dass dies spätestens Mitte der 2020er Jahre geschehen wird. In-vitro-Fleisch bietet gegenüber natürlich produziertem Fleisch ökologische und wirtschaftliche Vorteile: deutlich geringerer Verbrauch der begrenzten Ressourcen Wasser, Land und Energie, weniger Treibhausgas-Emissionen, mehr produzierte Menge in wesentlich kürzerer Zeit (proveg.com). Es besteht entweder rein aus tierischen Proteinen oder aus einem Mix aus tierischen und pflanzlichen Proteinen.

***Fleischersatzprodukte auf pflanzlicher Basis.*** Produkte, die Fleisch in Geruch, Konsistenz und Geschmack ähneln, gibt es in Deutschland seit langem zu kaufen. Mittlerweile sind sie nicht nur breiter akzeptiert, sondern fest etabliert, und das bei einem nicht unerheblichen Teil der Bevölkerung. 2030 liegt der Umsatz mit Fleischersatzprodukten bei ungefähr 250 Milliarden US-Dollar weltweit (de.statista.com). In einer Befragung

**Fest etabliert**

des Instituts für Demoskopie Allensbach im November 2019 gaben 33 Prozent der Befragten an, dass Fleischersatzprodukte ihnen schmeckten. Ich gehe davon aus, dass dieser Anteil 2030 deutlich höher sein wird, da sich Qualität und Geschmack der Produkte wesentlich verbessert haben werden. Berücksichtigt man außerdem, dass Fleischersatz 2030 günstiger geworden ist, wird der Verzehr entsprechender Produkte weiter zugenommen haben. Anfangs war Soja die Basis für die Ersatzprodukte (der Anteil an regional und bio erzeugtem Soja wächst bis heute stetig, wenn auch auf niedrigem Niveau). Dann kamen weitere Pflanzen wie Erbsen und Pilze dazu. Auch Protein aus Mungobohnen, Kürbis- und Sonnenblumenkernen wird verwendet. Fleischersatz im Jahr 2030 ist in der Regel vegan, die Zutaten sind gesundheitlich unbedenklich und auf das Nötigste reduziert. Das Ersatzangebot umfasst nicht nur Alternativen zu Frikadellen, Schnitzel und Co, sondern auch zu Wurstwaren. Warmes Essen, belegtes Brot oder Grillabend: Fleischersatzprodukte haben sich in allen Bereichen durchgesetzt und nehmen keine Außenseiterrolle mehr ein. Das spiegelt sich auch in Zahlen wider.

**Raus aus der Nische**

EXKURS

## VEGETARIER, VEGANER, FLEXITARIER IN ZAHLEN

Meine Prognose: 2030 werden in Deutschland ungefähr 20 Prozent der Menschen Vegetarier sein, 5 Prozent Veganer. Ein Großteil der restlichen 75 Prozent ernährt sich flexitarisch, isst also an drei oder mehr Tagen pro Woche kein Fleisch. Ihre Motivation: Sie möchten ein Gleichgewicht aus eigener Gesundheit, Tierwohl und Klimaschutz schaffen. So empfinden die Flexitarier den Verzicht als Gewinn: Gewinn von Verantwortung, Gesundheit und Genuss mit gutem Gewissen.

Jünger, weiblich, städtisch – Menschen, auf die das zutrifft, ernähren sich eher vegan oder vegetarisch. Flexitarier sind eher unter den Älteren anzutreffen. Die Motivation für den Fleischverzicht ist unterschiedlich. Bei jüngeren Menschen überwiegt der Wunsch nach Nachhaltigkeit, Tierwohl und

Umweltschutz, für ältere spielt die eigene Gesundheit eine größere Rolle. Daran hat sich verglichen mit 2020 grundsätzlich nichts geändert.

Da es in allen Bereichen Bewegung gibt, ist der direkte Vergleich spannend.

- *Natürlich erzeugtes Fleisch, konventionell: Menge 2030 gegenüber 2020 leicht gesunken.*
- *Natürlich erzeugtes Fleisch, bio: Menge 2030 gegenüber 2020 leicht gestiegen.*
- *In-vitro-Fleisch: Menge ab Einführung Mitte der 2020er Jahre rasch gestiegen (2030 circa 140 Milliarden US-Dollar Umsatz weltweit).*
- *Fleischersatzprodukte: Menge weiter kontinuierlich gestiegen (2030 circa 250 Milliarden US-Dollar Umsatz weltweit).*

(Basis der Prognose: statista/Daten weltweit)

Auch ich gehe davon aus, dass die pflanzlichen Ersatzprodukte keine Übergangslösung zwischen natürlich erzeugtem Fleisch und In-vitro-Fleisch sind. Sie haben im Jahr 2030 eine bessere Qualität und schmecken besser. Deswegen sind sie nach wie vor eine relevante Alternative für die Menschen, die kein Fleisch essen wollen, gleich aus welchen Gründen (Tierwohl, Umweltschutz, Gesundheit, Preis).

Preislich liegen die tierischen Produkte und ihre pflanzlichen Pendants wahrscheinlich nahezu gleichauf. Fleisch direkt vom Tier wohl etwas darüber, sodass der Preis nicht das alleinig entscheidende Kaufkriterium darstellt. Einzige Ausnahme: Fleisch in Bioqualität wird auch in der Zukunft das Premium-Angebot bieten.

Getrieben durch die wachsende Anzahl von Flexitariern und Vegetariern werden auch Pilze und Nüsse deutlich mehr als bisher in unsere Ernährung einfließen. Sie werden sowohl in ihrer ursprünglichen Form wie auch verarbeitet als sinnvoller Bestandteil in vielen Lebensmitteln zu finden sein. Pilze sind im Übrigen günstige und $CO_2$-arme Eiweißlieferanten, die nicht nur auf Abfall gezüchtet, sondern auch zu ökologisch freundlichen Verpackungsmaterialien verarbeitet werden können.

## Fisch

Was für Fleisch von Säugetieren gilt, gilt auch für Fisch. Bisher wurde in den Medien insbesondere über den zu hohen Fleischkonsum berichtet; die systematische Überfischung der Weltmeere, der drohende Kollaps des Ökosystems Meer und die Auswirkungen auf unser Klima wurden dagegen weniger laut thematisiert. Wissenschaftler befürchten, dass bei anhaltender industrieller Ausbeutung der Fischbestände die Weltmeere bis 2050 leer gefischt sind. Viele Fischarten werden aussterben, Korallen und Mikroorganismen werden verenden. Zudem sorgen die Abfälle der weltweiten Jagd nach dem letzten Fisch (in Form von Kunststoff-Fangnetzen und -Leinen) heute schon für einen erheblichen Anteil des Plastikmülls in den Meeren, der Rest kommt überwiegend von Verpackungen und sonstigen Kunststoffartikeln.

**Drohender Kollaps**

Die deutlich rückläufigen Fischbestände führen schon heute zur Verarmung vieler Menschen in Küstenregionen, die vom traditionellen Fischfang gelebt haben. Insbesondere in afrikanischen und asiatischen Küstenregionen hat dies extrem negative soziale Auswirkungen.

Ich erwarte in den kommenden Jahren eine deutlich intensivere Auseinandersetzung mit der Überfischung der Meere in Öffentlichkeit und Politik. Es wird strengere Gesetze und Überprüfungen geben (zumindest in Europa). Auch die Klimaforscher werden dieses Thema priorisieren, sodass nach dem Fleisch auch der Fisch verstärkt in den Fokus rückt. Und das wird deutliche Auswirkungen auf die professionelle Fischerei und die fischverarbeitende Industrie haben.

Es ist zu erwarten, dass frei gefangener Meeresfisch im Jahr 2030 ausgesprochen teuer für die Konsumenten wird. Aber Fisch ist doch gesund und man soll ihn zumindest einmal die Woche essen!?.

Es braucht also Alternativen. Aus diesem Grund forschen Unternehmen seit einigen Jahren daran, auch Fisch in Laboren zu züchten, also „künstlichen" Fisch anzubieten. Basis sind Zellen echter Fische, die dann beliebig oft geklont werden können. Somit handelt es sich um echten Fisch (Clean Fish), der künstlich erzeugt wurde. Ohne Schadstoffe,

**Clean Fish**

ohne Mikroplastik. Diese Labor-Fische werden 2030 ebenso wie das erwähnte Clean Meat in der Breite angeboten und eine Alternative zu Meeresfischen darstellen.

Ein anderer Weg, um Fisch mit gutem ökologischen Gewissen essen zu können, sind sogenannte Aquaponik-Anlagen. Dort werden Fische in einer Aquakultur aufgezogen und gleichzeitig Nutzpflanzen mit Hydrokultur – beide gemeinsam in einem Kreislaufsystem. Wie das funktioniert? Die Exkremente der Fische dienen den Pflanzen als Nährstoffe. Das Wasser in einer solchen Anlage befindet sich in einem Kreislauf, ein Austausch ist nicht erforderlich. Natürliche Gewässer werden nicht überdüngt und Meere nicht überfischt. Aquaponik gibt es bereits seit Mitte der 1980er Jahre.

**Aquaponik**

Ich gehe davon aus, dass im Jahr 2030 deutlich mehr Fisch aus solchen Systemen kommt. Der Anteil an „Laborfisch" liegt – noch – darunter. Eine bedeutendere Rolle als Fischalternative werden Fischangebote auf veganer Basis spielen. Ähnlich wie bei den Fleischersatzprodukten werden sich geschmacklich und preislich attraktive Pflanzenprodukte durchsetzen. Die ersten Produkte sind heute schon auf dem Markt. Nach dem stark im Bestand gefährdeten Thunfisch werden auch die anderen Favoriten der in Deutschland verzehrten Speisefische, Alaska-Seelachs und Lachs, bald als vegane Alternativen erhältlich sein.

Auch Fischalternativen auf Algenbasis (aus Algenfarmen) versprechen ein großes Umsatzpotenzial. Sie könnten neben den klassischen Fischfilets beispielsweise auch Garnelen und Shrimps ersetzen, sind gesund und eindeutig frei von Schadstoffen und Mikroplastik, die freischwimmende Fische durch ihre natürliche Nahrung aufnehmen. Auch diesen veganen Fischprodukten kann man in den kommenden Jahren vor allem für den Massenmarkt eine hohe Akzeptanz prognostizieren.

**Veganer Ersatz**

## INSEKTEN

Tierisches Protein muss nicht von Rind, Schwein, Huhn oder Fisch kommen. Das wissen zahlreiche Menschen vor allem in Asien und Afrika, wo Insekten traditioneller und regelmäßiger Bestandteil der Ernährung sind – lange unvorstellbar für Menschen in westlichen Kulturen. Die Hemmschwelle und der Ekel waren zu groß. Immerhin halten laut der Nestlé Studie „Klima und Ernährung – So klimafreundlich is(s)t Deutschland " (2021) 15 Prozent der Bevölkerung hierzulande Insekten als Fleischersatz für eine interessante Idee.

**Wertvolles Protein**

Das hat sich im Jahr 2030 deutlich verändert, davon bin ich überzeugt. Gezwungenermaßen, denn das Weiterführen der bisherigen Ernährung war schlicht nicht möglich. Als Erstes wurden Insekten in Tierfutter eingesetzt und dort in durchaus nennenswerten Anteilen beigemischt. Aber auch in Nahrungsmitteln für Menschen findet sich dieses tierische Protein wieder – vor allem in Form von Insektenmehl, das diversen Produkten zugesetzt wird. Auf diese unsichtbare Weise fällt vor allem der Faktor Ekel vor dem Produkt eher weg und ermöglicht so eine Umstellung.

Möglich wurde dies durch eine EU-Verordnung über neuartige Lebensmittel (Novel Foods), die den Vertrieb insektenbasierter Nahrungsmittel seit dem Jahr 2021 erlaubt. Damit wird Insekten der Status „Lebensmittel" zuerkannt. Die IPIFF (International Platform of Insects for Food and Feed) prognostiziert für Europa: Im Jahr 2030 werden 260 000 Tonnen Insektenprodukte hergestellt – im Jahr 2019 waren es noch 5 000 Tonnen.

**Deutlich nachhaltiger**

Insekten leisten 2030 einen wertvollen Beitrag zu unserer Ernährung, sowohl ökologisch als auch gesundheitlich. Sie sind in der Erzeugung wesentlich nachhaltiger als Fleisch von Rind oder Schwein. Das gilt auch für die Tierfütterung, in der Fischmehl und Sojabohnen teilweise durch Insekten ersetzt werden.

## ALGEN

Mit Sushi & Co kamen Algen im 20. Jahrhundert auf unseren Speiseplan. Eine große Rolle spielten sie in unserer westlichen Kultur allerdings nicht. Das hat sich geändert. Immer mehr Menschen haben erkannt, welche Vorteile Algen haben: Sie sind gesund und lassen sich unterschiedlich zubereiten, zum Bei-

spiel als Salat oder Suppe. Auch als Ersatz für Nudeln aus Getreide eignen sich Algen; dabei haben sie pro 100 Gramm circa 220 Kalorien, die klassische Pasta hingegen 350 Kalorien.

Nach der erwähnten Studie „Klima und Ernährung – So klimafreundlich is(s)t Deutschland" (2021) können sich immerhin schon 45 Prozent der Bevölkerung vorstellen, Nahrungsmittel auf Basis von Algen auszuprobieren.

Die Algen, die auf unseren Tellern landen, wachsen oft im Atlantik, vor den Küsten Frankreichs und Spaniens. Die Herausforderung: Sie nehmen Schadstoffe wie Schwermetalle aus dem Meerwasser auf. Aus diesem Grund gibt es 2030 immer mehr Algenfarmen und -fabriken. In Photo-Bio-Reaktoren beispielsweise können die Pflanzen ohne schädliche äußere Einflüsse gezüchtet werden. Weiterer Vorteil:

**Algen aus Photo-Bio-Reaktoren**

deutlich weniger Verbrauch von Wasser und Kohlendioxid als bei Rindern (bezogen auf die Herstellung eines Kilogramms Protein).

Besonders für Veganer interessant: Die Chlorella-Alge enthält bioverfügbares Vitamin B12, sogar mehr als Rinderleber. Außerdem lässt sie sich beim Backen als Ersatz für Butter und Eier verwenden und enthält Proteine.

So wird die Alge ihrem Ruf als Superfood gerecht und landet deswegen 2030 hierzulande häufiger auf dem Teller.

## GETRÄNKE

*Milch.* Umstritten und nicht ohne Alternativen. So lässt sich die Situation rund um Kuhmilch über die letzten Jahrzehnte knapp umschreiben. Ähnlich wie konventionell erzeugtes Fleisch hat Milch einen Imagewandel durchlaufen. Lange galt sie als gesund und wurde als wesentlicher Bestandteil unserer Ernährung empfohlen. Die Studienlage zum Thema Gesundheit ist auch 2030 noch nicht eindeutig. Unstrittig sind hingegen die Auswirkungen der Milchproduktion auf die Umwelt und das Thema Tierwohl. Klar ist außerdem schon eine Weile: Menschen sind, was Nährstoffe anbelangt, nicht auf tierische Milchprodukte angewiesen. Die pflanzlichen Alternativen wie Sojamilch, Mandelmilch oder Hafermilch halten mit. Schon 2020 waren diese Milchalternativen längst keine Nischenprodukte mehr, und ich gehe davon aus, dass ihr Anteil im Jahr 2030 deutlich gestiegen ist. Prognosen gehen von einer Verdopplung zu heute aus (de.statista.com). Als Gewinner hat sich bei den pflanzlichen Alternativen die Hafermilch erwiesen. Aber auch „Erbsenmilch" scheint ein interessantes Nachfragepotenzial zu erschließen. Wer keine pflanzliche Milch trinken und trotzdem die Umwelt nicht allzu sehr belasten möchte, wird 2030 auch auf Labor-Kuhmilch ausweichen können. Schon Ende der 2010er Jahre war es möglich, aus Kuhmilch-DNA in Verbindung mit einem Mikroorganismus Casein und Molkenproteine zu gewinnen und so Pro-

**Unklare Studienlage**

**Pflanzliche Alternativen**

dukte herzustellen, die molekular identisch mit Kuhmilchprodukten waren. Auch hier gehe ich davon aus, dass Forschung und Entwicklung 2030 einen großen Schritt weitergekommen sind. Zahlreiche Produkte auf dieser Basis, vor allem Käse, werden angeboten und auch gekauft.

***Säfte, Shots, Tees, Wasser.*** Im Bereich der nicht alkoholischen Getränke gibt es eine weitere große Gruppe, die im Jahr 2030 deutlich an Relevanz gewonnen hat – Getränke, die vor allem der Gesundheit förderlich sein sollen. Damit bedienen sie auch die Treiber Selbstfürsorge und Kontrolle. In den verschiedenen Entwicklungen kommt dem Faktor „Natur" eine große Bedeutung zu. Beispielsweise bei Kräutertees, die verstärkt nachgefragt werden. Bei Smoothies und Shots in Bioqualität. Oder bei Wasser (Functional Water), das mit einem Extrakt aus Kräutern, Früchten oder Gemüsen angereichert wird. Letzteres gibt es auch angereichert mit Vitaminen und/oder Mineralien. Auch von negativen Umwelteinflüssen gereinigtes Wasser wird zukünftig eine Rolle spielen. Die Nähe zur Natur wird unterstrichen durch die Platzierung in den Märkten. Gerade Smoothies und Shots finden sich in der Obst- und Gemüseabteilung, teilweise sogar direkt zwischen den Steigen mit Gemüse. Neben der Gesundheit ist auch der Convenience-Faktor relevant. Alle Angebote, die in „Healthy Convenience" einzahlen, können mit hoher Akzeptanz rechnen. Viele dieser Produkte sind nicht nur verzehrfertig, sondern werden häufig auch als praktische Tagesportion angeboten. Und dies in 100-prozentig umweltfreundlichen Verpackungen. Wie auch schon in meinem ersten Buch beschrieben, ist trinkbare Nahrung insbesondere für einen erheblichen Teil der alten Bevölkerung wichtig. Vielen über 80-Jährigen fällt nicht nur das Kauen, sondern auch das Schlucken schwer. Sie sind auf „weiche Nahrungsmittel" angewiesen, und deshalb sind Trinknahrung und Smoothies beispielsweise ein perfekter Bestandteil der täglichen Ernährung. Auch Kaffee wird weiterhin ein Trendprodukt bleiben. Jahrzehntelange Forschung hat immer wieder auf positive Eigenschaften eines regelmäßigen Kaffeekonsums hingewiesen. Verschiedenste Kaffeespezialitäten wurden kreiert und Coffee Shops zu beliebten Treffpunkten aller Altersklassen. 2030 wird Kaffee nicht nur als Genuss-, sondern auch als Self-Care-Mittel wahrgenommen. Britische Forscher, die mehr als 200 Studien ausgewertet haben, kommen zu

**Functional Beverages**

**Kaffee bleibt im Trend**

dem Schluss, dass sich drei bis vier Tassen Kaffee am Tag in der Regel positiv auf die Gesundheit auswirken. Dies könne unter anderem zu einem geringeren Risiko für Herz-Kreislauf-Erkrankungen, Schlaganfälle und Leberkrebs führen (NDR.de). Ein echtes Superfood beziehungsweise -beverage also. Allerdings müssen zukünftig faire Anbau- und Erntebedingungen der verwendeten Kaffeebohnen garantiert und der Transport und die Verarbeitung in Europa so umweltschonend wie irgend möglich sein. Die Transparenz bei all diesen Themen wird selbstverständlich sein.

EXKURS

## DIE ZEHN WICHTIGSTEN SPEZIFISCHEN FOOD TRENDS BIS 2030 – ÜBERBLICK, TREIBER, BEISPIELE

Seit vielen Jahren schon hat das Thema Gesundheit in unserer Gesellschaft einen hohen Stellenwert – dabei geht es vor allem darum, sich selbst um seine Gesundheit zu kümmern und sein Wohlergehen weniger in fremde Hände zu legen. Das zeigt sich auch im Lebensmittelbereich. Spezielle Bedürfnisse haben spezielle Lebensmittel hervorgebracht. Wohlbefinden und eine bessere Lebensqualität sind für viele der folgenden Food Trends wichtige Treiber.

**1. Clean Food**
*Definition:* reine, pure Lebensmittel ohne künstliche beziehungsweise bestimmte kritische Zutaten
*Treiber:* Gesundheit, Kontrolle
*Beispiele:* unbehandeltes Obst & Gemüse; Clean Meat; verarbeitete Lebensmittel, die natürliche und nur wenige Zutaten haben

**2. Superfood**
*Definition:* Nahrungsmittel ohne Zusätze, mit hoher natürlicher Dichte an Nährstoffen, gesundheitsfördernde Wirkung, allerdings oft nicht wissenschaftlich belegt

*Treiber:* Convenience, Gesundheit
*Beispiel:* Chia-Samen, Yak-Milch, Algen, Matcha-Tee

**3. Gourmet Food (Slow Food)**
*Definition:* Genussvolles Essen
*Treiber:* Genuss, Frische, Natürlichkeit
*Beispiel:* zu besonderem Anlass Dry-Aged-Fleisch vom Bio-Rind bewusst genießen, sich Zeit für die Auswahl und die Zubereitung von Speisen nehmen

**4. Snack Food**
*Definition:* mehrere kleine Mahlzeiten über den Tag verteilt/Snackification
*Treiber:* Convenience
*Beispiel:* Essen, das sich gut vor dem Bildschirm verzehren lässt, beispielsweise im Homeoffice (Screen Food) oder unterwegs

**5. Fair International Food**
*Definition:* verantwortungsvoll und fair nicht-regional angebaute oder hergestellte Lebensmittel, die umweltschonend nach Deutschland transportiert werden
*Treiber:* Genuss, Verantwortung, Nachhaltigkeit
*Beispiel:* Nahrungsmittel aus Fair-Trade-Anbau

**6. Functional Food**
*Definition:* Nahrungsmittel mit Zusätzen beziehungsweise ohne bestimmte Bestandteile zur Verbesserung der körperlichen Verfassung
*Treiber:* Gesundheit, Self Care
*Beispiel:* mit Nährstoffen angereicherte Getränke, glutenfreie Lebensmittel

**7. Mood Food**
*Definition:* Lebensmittel, die die Ausschüttung von Glückshormonen fördern können
*Treiber:* Freude, Gesundheit
*Beispiel:* der Pepper-High-Effekt, ausgelöst durch in Chilis enthaltenes Capsaicin, oder einfach ein Stück dunkle Schokolade für die gute Laune

**8. Nahrungsergänzungsmittel**
*Definition:* Tabletten, Kapseln, Pulver, Brausetabs oder Drinks, die Nährstoffe wie Vitamine oder Mineralstoffe in konzentrierter Form beziehungsweise in hoher Dosierung enthalten
*Treiber:* Gesundheit, Self Care
*Beispiel:* Vitaminpräparate, auch individuell angepasst

**9. No-Waste-Food**
*Definition:* Lebensmittel, bei denen Verpackungen, Abfall und Reste möglichst komplett vermieden werden
*Treiber:* Nachhaltigkeit, Verantwortung
*Beispiele:* nicht verkaufte Lebensmittel vom Großmarkt werden zu Suppen, Soßen und Säften verarbeitet; Organisationen, die gespendete Lebensmittel kostenlos oder für wenig Geld abgeben; Ansatz Cradle to Cradle: Pilze züchten auf Kaffeesatz, Verpackungen auf Basis von Altbrot oder Kartoffelschalen, Bier aus Brot

**10. Personalized Food**
*Definition:* aufgrund medizinischer Analysen (bis hin zur Gen-Analyse) personifizierte Ernährungspläne und Lebensmittel
*Treiber:* Self Care, möglichst gesund alt werden
*Beispiele:* Gini (Start-up aus Kanada): optimale Ernährung auf Basis der DNA-Informationen; Gutxy (Start-up aus Dänemark): individuelle Ernährungsempfehlungen auf Basis der Analyse von Bakterien in der Darmflora

Alle diese von mir genannten Food Trends zahlen auf den Megatrend Individualität ein – der eine mehr, der andere weniger. Jeder entscheidet, was er wann, wo, wie und mit wem isst oder nicht. Jeder legt fest, ob er sich einschränken möchte oder nicht. Gemeinsamkeiten mit anderen ausbildet oder nicht. Persönliche Werte werden immer stärker mit der Art der Ernährung ausgedrückt. Der Satz: „Du bist, was du isst", ist nicht mehr nur aus gesundheitlicher oder körperlicher Sicht zu verstehen.

Die Entwicklungen, die wir bis 2030 durchlebt haben, sind geprägt von größer werdenden Gegensätzen. So erleben wir beispielsweise gleichzeitig deutliche globale und regionale Einflüsse. Mehr Tierwohl und Fleisch aus dem Labor. Mehr pflanzliches und weniger tierisches Protein. Mehr Individualität und mehr Gruppengefüge. All das sind keineswegs atypische Veränderungen in einer Wohlstandsgesellschaft. Sie werden allerdings noch verstärkt durch den Klimawandel und die Anforderungen, die dieser an uns stellt. Weltweit.

# 6 Kommunikation

Zum Thema Kommunikation habe ich ja schon – aus meiner Praxiserfahrung abgeleitet – in meinem Buch *GOOD FOOD MARKETING* grundsätzliche Empfehlungen ausgesprochen. Diese gelten weiterhin und sind auch in den kommenden zehn Jahren relevant. Zudem gibt es wichtigen Input zu diesem Thema in den Beiträgen von Bernd Lange und Birgit Mueller in *Teil IV: Weitblick*. Ich möchte deshalb hier nur einige weiterführende Anmerkungen einbringen.

---

Die wichtigsten Treiber erfolgreicher Kommunikation in den kommenden Jahren sind aus meiner Sicht: Mobilität, Relevanz, Simplification, Realtime, Voice und Participation.

---

***Mobilität.*** „Mobile first" gilt schon seit einigen Jahren, wird aber in Zukunft zum absoluten Muss. Ob per Smartphone oder über Wearables (I-Watch, Fitnessband, Anhänger) – der Mensch wird zukünftig immer und überall zu erreichen sein. Also muss unsere Kommunikation das berücksichtigen.

***Relevanz.*** Da der Zugang zum bestehenden oder potenziellen Kunden leichter wird, besteht die Gefahr des „Service Overload". Hier gilt das Prinzip: Relevanz statt Penetranz. Wenn aus einer gut gemeinten „Beratung" mit attraktiven Angeboten und Preisrabatten eine „Belästigung" wird, besteht die Gefahr, dass der Kunde aus der Kommunikation aussteigt. Es geht darum, regelmäßig positive

Brand Experiences anzubieten – immer mit dem Ziel, einen realen oder emotionalen Benefit für den Kunden zu generieren.

*Simplification.* Neben dem Service Overload besteht die Gefahr eines „Information Overload". Auch das ist nicht neu und wird in den kommenden Jahren eher komplexer. Deshalb wird es wichtig sein, die Message kurz und interessant zu gestalten und damit die Aufmerksamkeit des Kunden zu gewinnen. Keep it simple – und sende zum richtigen Zeitpunkt in der Customer Journey die dann wichtige Botschaft. Der Mensch entscheidet in Sekunden, ob er etwas interessant findet und verweilt oder aber eben weiter „wischt" oder „klickt". In einer immer komplexeren und schnelleren Welt wünscht sich der Mensch kurze und einfache Signale und Botschaften. Geht er darauf ein, kann man ihn auf Wunsch mit weiteren Informationen und Angeboten bedienen.

**Keep it simple**

*Realtime.* Ist man heute noch bereit, auf eine Mailanfrage einige Stunden auf die Antwort zu warten, so wird das zukünftig in Minuten oder sogar sofort erwartet. Zudem müssen alle Touch Points der Marke beziehungsweise des Unternehmens unmittelbar in Realtime miteinander verknüpft sein. Das ist heute oft ein Schwachpunkt der Customer-Service-Bereiche von Unternehmen. 2030 wird ein Realtime-Customer-Service Standard sein.

*Voice.* Da sich Voice in der Kommunikation und Bedienung technischer Geräte weiterentwickeln wird, ist insbesondere der sprachliche Service der Unternehmen herausgefordert. Ob Mensch oder Maschine – Kunden der Zukunft erwarten eine schnelle direkte persönliche Kommunikation mit der Marke beziehungsweise dem Unternehmen ihres Vertrauens. KI kann dabei hilfreich sein, aber neben der rein sachorientierten Reaktion auf die Anfragen (oder Beschwerden) von Kunden wird „Sprache" noch mehr als den Worten eine empathische Funktion zukommen, um Kunden nach dem persönlichen Kontakt weiterhin loyal an das Unternehmen zu binden.

**„Persönlicher" Kontakt**

*Participation.* „Word of mouth", also persönliche Empfehlungen von Freunden und Bekannten, sind klassischerweise die Werbung mit dem höchsten Vertrauensfaktor. Heute sind Empfehlungen von Screen zu Screen beispielsweise durch Freunde oder auch Influencer dem gleichzusetzen. Marken und Unternehmen werden sich zukünftig durch vermehrte Einbindung von Kunden in die Unternehmensberatung (heute schon ansatzweise praktiziert durch „Kundenbeirat", „Verbraucher-Stammtisch", „Externe Innovation-Teams" u. Ä.) und Unternehmenskommunikation eine größere Nähe und ein wachsendes Vertrauen in ihre Angebote erarbeiten. Partizipation und persönliche intensive Kontakte zu interessierten Kunden werden der Schlüssel dazu sein. Über die sozialen Medien können so Kunden als Markenbotschafter und letztlich als Influencer genutzt werden, da sie als Nicht-Mitarbeiter Einblick ins innerste des Unternehmens bekommen und somit glaubhaft über den „wahren Kern und die Absichten" (gelebter Purpose?) berichten können. Der Blick hinter die Kulissen wird dadurch möglich, Transparenz gelebt.

**Kunden werden eingebunden**

Das ehrliche, direkte und schnelle Feedback der Kunden auf die Aktivitäten und Pläne des Unternehmens ist wertvoller Input. Die „virtuelle Unternehmensberatung“, die sich aus einem sich immer wieder erneuernden Customer Cycle speist, kann digital effizient gestaltet und geführt werden. Über Zusammensetzung und Themen entscheiden die Kunden gemeinsam mit dem Unternehmen.

Im besten Fall werden treue und überzeugte Kunden nicht nur zum Fürsprecher der Marke beziehungsweise des Unternehmens, sondern entwickeln eigenständigen Content im Web zur Dokumentation und Unterstützung.

**Glaubwürdige Influencer**

Wahre Brand-Fans liefern dann nicht nur positiven digitalen Content, sondern werben aktiv für die Marke und eröffnen neue Plattformen. Erfolgreiche Brands generieren so ihre eigenen Influencer in den sozialen Medien, die mit hoher Glaubwürdigkeit die offene Kooperation und Partnerschaft mit den entsprechenden Unternehmen loben.

Allerdings muss man bei der Kommunikation, unterstützt von Influencern, sehr sensibel agieren. Die Glaubwürdigkeit darf nicht durch zu werbliches Auftreten geschwächt werden. Der Influencer muss immer Teil der Follower bleiben und auf Augenhöhe mit ihnen kommunizieren. Nina-Kathrin Peters schreibt dazu in ihrer Masterarbeit *What makes an influencer so influential?* (TU Ilmenau 2018): „According to the results of the present study it can be concluded, that the perceived qualities trustworthiness, likability and similarity play a significant role with respect to the power of influence of an influencer.“

# 7 Packaging

Alle Verpackungsentwickler und -ingenieure im Food Business träumen von der Banane, denn sie verkörpert das Ideal aller Lebensmittelverpackungen. Sie wächst im Schutz ihrer Transportverpackung, übersteht den Weg über den Handel bis in den privaten Haushalt problemlos, zeigt durch die Verfärbung der Außenhülle den Reife- und Haltbarkeitszustand an und ist am Ende leicht zu entfernen und umweltfreundlich zu entsorgen.

Aber die Herausforderung ist angenommen. Wissenschaft und Forschung sowie alle Big Player im Food Business investieren gewaltig in die Entwicklung neuer produkt- und umweltfreundlicher Verpackungen sowie sinnvoller Recyclingsysteme. Vom Joghurtbecher über die Kaffeekapsel bis zur Einkaufstüte – im Jahr 2030 sind wir einen gewaltigen Schritt vorangekommen.

**Verpackungen werden bleiben**

Das Verkaufen loser Ware, wenn es die Art des Lebensmittels überhaupt zulässt, wird heute schon als Alternative praktiziert. Sowohl in den Supermärkten als auch bei selbstständigen Lebensmittelhändlern wachsen diese Angebote. Damit kann Verpackung, insbesondere Einwegverpackung vermieden werden, allerdings führt dies zu Einschränkungen der Convenience und kann die Lebensmittelsicherheit gefährden. Gerade nach Corona und dem neuen Bewusstsein für Hygieneanforderungen bezweifle ich, dass dies in der Breite die langfristige Lösung sein wird. Strenge Lebensmittel-Hygiene- und -Verpackungsverordnungen haben schließlich in der Vergangenheit dazu geführt, dass die Anzahl an Lebensmittelvergiftungen reduziert und sogar Todesfälle vermieden werden konnten.

Waren vor 20, 30 Jahren noch Produktsicherheit von der Herstellung bis zum Ende der garantierten Haltbarkeit, Logistikanforderungen, Kosten und Convenience die Haupttreiber der Verpackungsentwicklung, so sind jetzt Anforderungen an die Nachhaltigkeit und Umweltverträglichkeit in der Prioritätenliste deutlich nach oben gerückt. Vor allem Kunststoffverpackungen, speziell Verbundkunststoffe, wurden schon zum Ende des letzten Jahrhunderts kritisch gesehen. Obwohl diese Stoffe viele praktische Vorteile für Lebensmittelverpackungen haben, wurde der „Plastikmüll", der nahezu unzerstörbar und -verrottbar ist, als „Feind der Umwelt" zur größten Herausforderung erklärt.

---

Doch darin besteht eine große Chance. Sichere *und* umweltverträgliche Lebensmittelverpackungen werden in den kommenden Jahren einen entscheidenden Wettbewerbsvorteil darstellen.

---

Und es gibt schon heute viele Möglichkeiten, Lebensmittelverpackungen aus ökologischer Sicht zu optimieren. Die Bandbreite reicht von der Reduktion des Verpackungsmaterials über die Vereinfachung des Recyclings (bspw. durch Vermeidung von Kunststoffverbunden und konsequentere Müllsammlung und -trennung) bis hin zum Einsatz von 100 Prozent biologisch abbaubarem Schutzmaterial.

**Biokunststoffe**

Biokunststoffe, die auf der Basis von Maisstärke oder aus Schalen von Krabben hergestellt werden, sind mögliche Optionen für den Transport von Lebensmitteln. Sie bestehen aus organischer Biomasse und bauen sich in der Natur selbst ab. Der Einsatz dieser Stoffe muss noch weiter entwickelt werden, um Lebensmitteln nicht nur einen kurzfristigen Schutz zu bieten. Außerdem ist zu bedenken, dass die Verwendung notwendiger natürlicher Ressourcen für die Herstellung von Biokunststoffen an anderer Stelle zu Verknappungen führen kann.

Die Firma Pacovis bietet beispielsweise unter der Marke „Naturesse" nachhaltige Verpackungslösungen aus nachwachsenden Rohstoffen an. Naturesse-Produkte werden unter anderem aus Palmblättern, Zuckerrohrfasern und Pflanzenstärken hergestellt und sind zu 100 Prozent biologisch abbaubar. Daraus lassen sich Beutel- und Folienprodukte herstellen und bisher genutzte Plastiklösungen ersetzen.

Die Firma Compostella vermarktet ein reines Zellulosepapier. Das neue „1 für 4-Papier“ ersetzt Frischhaltefolie, Alufolie, Einschlagpapier und silikonisiertes Backpapier. Es ist vollständig kompostierbar.

Neben den Lager-, Produktions- und Sicherheitseigenschaften neuer Lebensmittelverpackungen wird auch die Gestaltungsfähigkeit des Materials wichtig sein.

**Das Design zählt**

Für das Food Marketing spielen Form und Design eine große Rolle. In der Flut der Angebote, stationär wie digital, wird das gelungene Food Design für den suchenden Kunden zu einem willkommenen Stopp-Schild. Bevor das Gehirn liest, nimmt es über das Bild und die farbliche Gestaltung schon wichtige Reize und Informationen auf. In ein bis zwei Sekunden maximal müssen Aufmerksamkeit und Interesse geweckt werden. Reduktion auf das Wesentliche und eine außergewöhnliche Bildsprache sind die Erfolgsfaktoren.

# 8 Ernährungswissen und -verhalten

Das Thema der zukünftigen Ernährung wird von der Ernährungswissenschaftlerin Rebecca Dörner in einem eigenen Kapitel kommentiert (siehe *Teil IV: Weitblick*). Ich möchte deshalb aus meiner Sicht hier nur auf einige Aspekte eingehen, die für das Food Marketing interessante Entwicklungen darstellen.

**Ernährungsstile erkennen und einschätzen**

***Identität.*** Da wie beschrieben ein bestimmtes Essverhalten eine Art Identitätsstiftung für viele Menschen geworden ist, werden wir auch 2030 eine große Anzahl von „Jüngern" diverser Ernährungsstile erleben. Reden wir heute von den vielen Allergiker-Gruppen (Gluten, Nüsse, Lactose etc.), den Low-Carb-Anhängern, Vegetariern oder Veganern, so könnte man erwarten, dass getrieben durch den Wunsch nach widerstandsfähiger Gesundheit und dem Trend zu verantwortungsvollem Umgang mit Lebensmitteln sich zum Beispiel neue Fangruppen zu einem angesagten Ernährungsstil bilden: Immutarianer? Protectarianer? No-Waste-Jünger? However – wichtig für das Food Marketing bleibt es auf jeden Fall, diese Entwicklungen rechtzeitig zu entdecken und zu verstehen. Dann kann man die Auswirkungen auf das eigene Geschäftsfeld konkret einschätzen und angemessen agieren.

***Einflussnahme.*** Influencer beziehungsweise deren Wirkung auf ihre Follower wird auch in zehn Jahren von Bedeutung sein. Da das Thema gesunder und nachfragespezifischer Ernährung aufgrund der oben erwähnten Segmentierung und Identifizierung noch relevanter als heute sein wird, sind die Kenntnis von und sinnvolle Kooperationen mit Influencern für das Food Marketing interessant. Ein Teil der Menschen wird sich für die eigenen Ernährungsbedürfnisse einen „Nutrition Avatar“ als Berater im Web aussuchen. Über diesen speziellen Avatar kann man als Marketer kommunizieren, wichtige Details über die Wünsche der Menschen erfahren und im besten Fall Ernährungsvorschläge oder sogar -pläne inklusive von Shopping und Belieferungsangeboten unterbreiten.

*Auf den Einzelnen zugeschnitten.* Die „personifizierte Ernährung“ wird in Zukunft eine wesentlich wichtigere Rolle spielen. Die persönliche DNA-Analyse, die heute für Privatpersonen noch recht umständlich und teuer ist, wird im Jahr 2030 breit verfügbar sein; die Kosten dafür werden überwiegend von den Krankenkassen getragen. Dem großen Bedürfnis nach Self Care und Prophylaxe (u.a. im Hinblick auf mögliche Erbkrankheiten) folgt zwangsläufig ein entsprechender Lebens- und Ernährungsstil. Wenn so Krankheiten und die damit verbundenen Gesundheitskosten im Alter vermieden werden können, ist ein solches Vorgehen auch im Interesse der Gesellschaft. Gesund aufwachsen und fit alt werden wollen die meisten – sodass die DNA-Analyse vor allem in jungen Jahren sinnvoll erscheint und sich daraus personifizierte Ernährungsvorschläge und -pläne ableiten lassen. Die Analyse der DNA, erweitert um die Kontrolle des Hormonspiegels, der Darmflora und des Blutspiegels, kann bei konsequenter Umsetzung der daraus abgeleiteten optimalen Ernährung so zukünftig zu einem höheren Lebensalter führen. Auch der Wunsch, die Alterungsprozesse von Herz, Gehirn und Immunsystem zu verzögern, könnte in einen persönlichen Ernährungsplan einfließen. So ist das Polyamin Spermidin inzwischen ins Zentrum der Anti-Aging-Wissenschaft gerückt und lässt hoffen, dass klassische Alterungserscheinungen verzögert werden können. Dabei geht es um ein Molekül, das unsere Körperzellen selbst herstellen können, welches aber auch in Nahrungsmitteln wie Weizenkeimen, Soja, Pilzen oder reifem Käse vorkommt. Der Grazer Molekularbiologe Frank Madeo berichtet, dass man aktuell die entscheidenden Schritte von der Grundlagenforschung hin zu Untersuchungen am Menschen vollzieht (Focus „Fit und gesund“, 1/2021). Gezielte Ernährung zur Vermeidung von Erbkrankheiten und/oder zur Verlangsamung des Alterungsprozesses? Die Realisierung bis zum Jahr 2030 ist durchaus denkbar. Damit könnte sich für darauf spezialisierte Lebensmittelhersteller eine zunächst kleine, aber profitable Nachfrage nach Personalized Food ergeben. Die-

**Gesund aufwachsen, fit alt werden – mit DNA-Analyse**

ser eigentlich sinnvollen Entwicklung stehen in Deutschland möglicherweise Datenschutzgesetze im Wege, da es sich hierbei um sehr persönliche (lebenswichtige) Daten, die zwangsläufig mit Dritten zu teilen wären, wenn man die Ergebnisse der Analyse auch für sich nutzen möchte. In diesem Fall werden Politik und die Menschen entscheiden müssen, welcher Weg für den Einzelnen und die Gesellschaft am besten ist.

**Intelligente Unterstützung**

*Hightech.* Die Datenerfassung unseres Ess- und Trinkverhaltens bei gleichzeitigem Abgleich mit der Zielernährung und der Analyse und Bewertung wird 2030 möglich sein. Die App snics (snics.at) bietet heute schon einen ersten Ansatz in dieser Richtung. Man fotografiert sein Essen und eine künstliche Intelligenz wertet das Bild hinsichtlich Kalorien und Nährwerten aus. Kalorienverbrauch und Fitnessdaten können zugespielt werden. Eine wissenschaftlich fundierte Ernährungsberatung kann zugebucht werden.

# 9 Am Ende zählt der Preis

Lebensmittelpreise waren schon immer unter besonderer Beachtung der Politik. Hierzu werden wir in den kommenden Jahren eine spannende Auseinandersetzung erleben. Will die Politik die Gesundheitskosten in unserer Gesellschaft, die durch unausgewogene Ernährung entstehen, senken und die schädlichen Umwelteinflüsse, die beim Anbau von Getreide, Obst und Gemüse und der Intensivtierhaltung entstehen, aktiv reduzieren, dann werden strenge Regelungen und höhere Kosten (auch durch Steuererhöhungen) die Verbraucherpreise erhöhen. Die Nutzung des Preises zur Steuerung der Nachfrage ist theoretisch ein probates Mittel. Allerdings liegt die Preishoheit in Deutschland beim Lebensmittelhandel und ist somit ein wichtiges Instrument im täglichen Kampf um einen höheren „Share of Stomach". Deshalb bleibt in einer wettbewerbsorientierten Marktwirtschaft eine staatlich gewünschte Preissteuerung zweifelhaft und höhere Verbraucherpreise können nur auf Basis von akzeptiertem höherem Verbrauchernutzen erfolgreich umgesetzt werden.

**Der LEH bestimmt den Preis**

Tendenziell erwarte ich für 2030 jedoch einen deutlich höheren Anteil der Haushaltsausgaben für Lebensmittel am Warenkorb der Haushalte in Deutschland im Vergleich zu heute. Ich gehe außerdem davon aus, dass sich, auch im Sinne des europäischen Green Deals und der damit verbundenen Zielsetzungen, die Politik mit den wahren Kosten von Lebensmitteln beschäftigen wird.

Stefanie Awater-Esper führt dazu in ihrem Beitrag „Wahre Kosten von Lebensmitteln sind höher als ihr Preis" (topagrar online) aus: Wissenschaftler der Universität Augsburg haben 2020 im Auftrag der Rewe-Group für 16 Eigenmarken-Produkte die „wahren Kosten" berechnet. In diesen „wahren Kosten" haben die Wissenschaftler die über die Lieferketten anfallenden Auswirkungen von Stickstoff, Klimagasen, Energie und Landnutzungsänderungen auf den Verkaufspreis mit eingerechnet. Acht Lebensmittel wurden dabei untersucht: Apfel, Banane, Kartoffel, Tomate, Mozzarella, Gouda, Milch und gemischtes Fleisch.

**„Wahre Kosten"**

Demnach müssten die „wahren Preise" für die 16 untersuchten Lebensmittel, verglichen mit den aktuellen Preisen, im Durchschnitt um 62 Prozent höher ausfallen. Während bei Obst und Gemüse nur relativ geringe Preisaufschläge notwendig wären, um die ökologischen Auswirkungen und Kosten mit einzubeziehen, sieht das bei tierischen Produkten wie Fleisch und Milchprodukten schon anders aus. Der Preis für Fleisch aus konventioneller Aufzucht unter Berücksichtigung der versteckten Kosten müsste um 173 Prozent steigen, beim Biofleisch wäre es ein Anstieg um 126 Prozent. Bei normaler Milch wäre ein Preisanstieg um 122 Prozent nötig, bei Gouda-Käse um 88 und bei Mozzarella um 52 Prozent.

Auch die moralisch und ethisch bedenklichen Verwerfungen der Massentierhaltung werden zu einer Verteuerung von Fleisch und Wurst führen. Die Politik wird durch zusätzliche gesetzliche Anforderungen an die Zuchtbetriebe, den Tiertransport und die Schlachtbetriebe für höhere Kosten sorgen, die am Ende der private Haushalt bezahlen muss. Auch durch die Erhöhung der Steuern (eine erhöhte Mehrwertsteuer auf Fleisch- und Wurstwaren ist während der Entstehung dieses Buches bereits in Vorbereitung) kann über den Endverbraucherpreis eine Steuerung der Nachfrage bewirkt werden.

**Gesetzliche Möglichkeiten**

Auf als „ungesund" eingestufte Lebensmittel und Getränke kann die Politik durch entsprechende Gesetze und Steuern ebenfalls Einfluss nehmen. Produkte, die einen hohen Anteil an Salz, Zucker oder Fett aufweisen, werden wahrscheinlich verteuert. Zudem könnten Werberestriktionen und Demarketing-Kampagnen der Regierung, von NGOs, Influencern oder der Krankenkassen zum Einsatz kommen (ähnlich wie bei Tabakwaren).

Bei diesen Entscheidungen muss die Politik wohlüberlegt vorgehen, denn neben den Auswirkungen auf die Arbeitsplätze der Produzentenseite sind auch Diskriminierungen auf Seiten des einkommensschwachen Teiles unserer Bevölkerung mit abzuwägen.

Wie schon erwähnt, wird der harte Wettbewerb unter den deutschen Lebensmittelhändlern immer wieder zu erschwinglichen Preisen für die breite Masse führen. Diese findet auch in Zukunft durch Aktions- und Sonderpreise statt. Unterstützt werden diese Angebote für Schnäppchenjäger durch die Digitalisierung.

**Aktions- und Sonderpreise**

Das Internet schafft eine Transparenz der Angebote 24 Stunden am Tag. Und die Preise werden nicht mehr als „Wochenangebote" zur Verfügung stehen, sondern können sich stündlich ändern. Mit flexiblen Preisschildern direkt an der Ware können aufgrund von diversen Faktoren, wie Warenbestand, Haltbarkeit, Besuchsfrequenz, aktuellen Wettbewerberangeboten bis hin zur Wetter- oder Verkehrslage, intelligente Programme den aus Sicht des Händlers optimalen Preis berechnen. Diese Programme können mit Hilfe von KI ständig dazulernen.

Durch diese optimierte Preissteuerung kann auch der Warenbestand gut auf die reale Nachfrage abgestimmt werden, was letztendlich auch einen Beitrag zur Vermeidung von Food Waste bedeutet.

Aber auch die Kunden werden lernen und bei günstigsten Preisstellungen einkaufen. Der deutsche Schnäppchenjäger wird auf diese neuen Systeme hellwach reagieren und somit wird es auch im Jahr 2030 einen intensiven Preiswettbewerb um den Anteil am großen Kalorienkuchen geben.

**Jagdinstinkt**

TEIL III

# VERBRAUCHER-VERHALTEN IM LAUFE DER ZEIT

# 1 Wechselnde Vermarktungsprioritäten im Marketing

Nach dem Zweiten Weltkrieg hat die Vermarktung von Lebensmitteln bis heute verschiedene Schwerpunkte erlebt, die sowohl von wirtschaftlichen als auch gesellschaftlichen Entwicklungen geprägt wurden. Das Food Marketing hat dementsprechend zeitgerechte Prioritäten gesetzt und die Wachstumschancen für Marken und Produkte genutzt. Die folgende Übersicht in Schlagworten soll diese Priorisierung über die Jahrzehnte bis ins kommende zusammenfassen.

| | | |
|---|---|---|
| **1950er bis 1960er Jahre** | | |
| **Herstellung & Distribution → Produktionsorientierung/ Verkaufsorientierung** | Satt machen/Verfügbarkeit/preiswert/ Verbraucher als anonymer Endpunkt der Value Chain | **viele Kalorien und Verfügbarkeit** |
| **1970er bis 1980er Jahre** | | |
| **Internationalisierung und Preiswettbewerb/ Marktorientierung** | Vielfalt/Internationalisierung des Angebotes/Frische & TK/Convenience boomt/Wachstum Discounter | **abwechslungsreiche und preiswerte Kalorien** |
| **1990er bis 2000er Jahre** | | |
| **Ernährungsberatung und Kundenbindung/Dialogorientierung** | Gesundheitsbewusstsein/Diäten (Weight Watchers)/Frische & TK/ Globalisierung/ Körperbewusstsein/ Destrukturierung des Essverhaltens | **weniger und gesündere Kalorien** |

| | | |
|---|---|---|
| **2010er bis 2020er Jahre** | | |
| **Digitale Transformation und E-Commerce/Netzwerkorientierung** | Food Communication und Verkauf digitalisieren/Individualisierung (MyMüsli)/persönliche Ansprache/ Verbraucher „als Mensch und Mitglied der Value Chain" → Aktive Partizipation /Automatisation der Web-Kommunikation /Home Delivery/Convenience boomt | **individualisierte und bequeme Kalorien** |
| **2020er bis 2030er Jahre** | | |
| **Nachhaltig und gesund/ Umweltorientierung** | Kontrollierte Ernährung/Verzichtskonsum (vegetarisch, vegan, Low Carb, glutenfrei etc.)/Ernährungsstil als „Religion" zur Profilierung und Differenzierung/Bio wird in einigen Kategorien Standard/Zusammenhang zwischen Ernährung, Umwelt &Tierwohl/Verpackungsflut eindämmen/Corona-Krise verändert Konsumentenverhalten/ Berechtigung („Purpose") des Unternehmens in der Gesellschaft/ hohe Transparenz der Value Chain & aktive Einbindung der Kunden | **nachhaltige und höherwertige Kalorien** |

Grundsätzlich wird es im kommenden Jahrzehnt darauf ankommen, wirtschaftlichen Erfolg in Einklang mit Umwelt und Gesellschaft zu entwickeln. Vor allem bei der Herstellung und dem Vertrieb von Lebensmitteln wird die Umwelt (und damit die jeweilige Gesellschaft) belastet. Je nach Unternehmensentscheidung werden diese Belastungen verantwortungsvoll oder verantwortungslos gemanagt und entsprechend höher oder niedriger ausfallen. Dabei spielt das Marketing eine Hauptrolle, ist es doch verantwortlich für die erste Kaufentscheidung und für langfristige Wiederkäufe des Angebotes. Und als Stimme der Kunden muss das Marketing dafür sorgen, dass die Erwartungen an ein zeitgemäßes und wettbewerbsfähiges Angebot im gesamten Unternehmen verstanden und umgesetzt werden.

**Zeitgemäß und wettbewerbsfähig**

Schon bei der Entwicklung eines Produktes müssen viele verschiedene Faktoren berücksichtigt werden, zum Beispiel: hohe Qualität der Rohstoffe, ethisch einwandfreie Herkunft beziehungsweise Herstellung der Rohstoffe (bspw. bezüglich pestizidfreier Gemüse oder Fleisch von Tieren nach Tierwohl-Aufzucht), kurze Lieferwege, schonende Verarbeitung, recycelbare und gleichzeitig sichere Verpackungen für Produkt und Transport/Lager, ernährungsrelevante und verständliche Informationen auf der Verpackung und im Web, realistische Abbildungen des Produktes auf der Verpackung (gilt insbesondere für Fertigprodukte) und umweltfreundliche Transportwege zum Endverbraucher. Das Unternehmen muss seine Mitarbeiter und Geschäftspartner fair behandeln und bezahlen und es gibt Lohngerechtigkeit bei Frauen und Männern. Steuern sollten in dem Land gezahlt werden, in dem die Umsätze generiert werden.

**Grundvoraussetzungen**

Wenn das Unternehmen dann erfolgreich am Markt ist, bietet es der Gesellschaft sichere, im besten Fall eine wachsende Anzahl an Arbeitsplätzen. Die kommunalen Steuereinnahmen kommen der Gemeinschaft zugute.

---

Ein solches Wirtschaften zum Wohle aller erhöht die nachhaltigen Erfolgsaussichten des Unternehmens und die Lebensqualität des Einzelnen.

---

Dabei liefert das Marketing, abgeleitet aus den Nachfragewünschen der Kunden, den wesentlichen Input und muss die aktuellen und zukünftigen Vermarktungsprioritäten rechtzeitig erkennen und konsequent im Unternehmen umsetzen.

# 2 Lynn, Tom & Co: Ein Blick auf den Alltag im Jahr 2030

Auf Basis der Food Trends habe ich gemeinsam mit der Agentur markenzeichen aus Frankfurt am Main ein Whitepaper zum Thema „Deutschland 2030 – Food & Beverage Trends“ entwickelt. Die Agentur steht für eine entsprechende Zusammenarbeit gerne zur Verfügung und kann diesbezüglich direkt kontaktiert werden. Die Storys wurden von Helena Binder von markenzeichen verfasst.

Um die Auswirkungen der Trends auf den Alltag einzelner im Jahr 2030 besonders wichtiger Zielgruppen zu verdeutlichen, haben wir dies an vier Beispielen sichtbar gemacht: Freuen Sie sich also auf Lynn, Tom, Esther und Familie Schuster-Yilmaz.

## Lynn

**Persona 1: Lynn, 26 Jahre, aus Berlin**

- Gen Z
- Lebt zusammen mit ihrem Freund und zwei weiteren Mitbewohnern in einer Wohngemeinschaft
- Strebt nach festen Strukturen und Stabilität
- Hat einen Ernährungs-Avatar + fixen Ernährungsplan, der individuell für sie zusammengestellt wird
- Besitzt Nutrition + Fitness Tracking-Gadgets
- Tier- und Umweltschutz sind ihr besonders wichtig
- Teilt sich mit ihren Nachbarn den Zugang zu einem kleinen City Garden, in dem sie Kräuter, Gemüse und einige ausgewählte Obstsorten anbauen
- Sinn/Bewusstsein geht über Genuss!

Lynn, 26 Jahre, legt großen Wert auf ihre Ernährung und die damit verbundenen Einflüsse auf Gesundheit und Umwelt. Wie sieht ihr Ernährungsalltag aus?

### GEN Z WIRD ERWACHSEN

**Gemeinsam gärtnern**

Lynn lebt zusammen mit ihrem Freund Daniel und zwei Mitbewohnern in einer schönen Vierzimmerwohnung am Stadtrand Berlins. Nach der Arbeit trifft sich das Paar gerne mit Bekannten im hauseigenen Dachgarten, wo sie gemeinsam mit anderen Bewohnern des Hauses Kräuter und Gemüsesorten kultivieren. „City Gardening" ist inzwischen mehr als nur ein Trend. Eigentümer und Hausverwaltungen großer Gebäudekomplexe sind gesetzlich dazu verpflichtet, ihren Bewohnern Grünflächen zu bieten. Bauliche Maßnahmen werden staatlich subventioniert – dies trägt zu einer deutlichen Qualitätsverbesserung des Stadtklimas bei.

Darüber hinaus legen Lynn und Daniel großen Wert auf ihre Ernährung. Wie 80 Prozent der Deutschen glauben sie, dass sie durch richtige Ernährung ihre Gesundheit und ihr Lebensalter beeinflussen können. Getreu dem Motto „Du bist, was du isst" achten sie sehr darauf, woher die Lebensmittel, die sie konsumieren, stammen, welche Inhaltsstoffe die Produkte enthalten und dass sie sich ausgewogen ernähren.

## ERNÄHRUNGSBERATUNG 2.0

Um ihre Ernährung im Blick zu behalten, hat sich Lynn erst kürzlich und auf Empfehlung einer Freundin für einen Ernährungs-Avatar entschieden. Im Vorfeld hat sie sich dazu von ihrem Hausarzt komplett durchchecken und eine Genanalyse erstellen lassen. Die Kosten für diese Analyse wurden von Lynns Krankenkasse getragen, die gesundheitliche Präventionsmaßnahmen begrüßt und entsprechend subventioniert. Anschließend hat Lynn die Ergebnisse ihrer Untersuchung in die App des Ernährungs-Avatars eingetragen. Auf Basis ihrer Gene und Daten wie beispielsweise Körpergröße, Gewicht, Fettverteilung, Blutwerte, aber auch Fettverbrennung und Zyklus, erstellt das Programm einen individualisierten Fitness- und Ernährungsplan. Persönliche Zielsetzungen können ebenfalls eingetragen und deren Fortschritt stets mitverfolgt werden. Besonders gut gefällt Lynn daran, dass ihr dieses Ernährungsprogramm Stabilität und Struktur bringt. In Stresssituationen reagiert das zur App gehörige Fitnessband mit situationsbedingten Tipps. Einkaufshinweise, Restaurantempfehlungen und Vorschläge zu Freizeitaktivitäten erhält Lynn auf Basis ihrer Bedürfnisse und Interessen.

**Ernährungs-Avatar**

Ein weiterer Vorteil von Lynns Ernährungs-App: Die Hersteller arbeiten mit ausgewählten Lebensmittelproduzenten zusammen. Diese stellen speziell auf die Genanalyse angepasstes Convenience Food her. Die Gerichte sehen appetitlich aus, sie schmecken und entsprechen auch Lynns Nährwertansprüchen. Die genauen Inhaltsstoffe und Nährwertangaben kann sie vorab prüfen, sodass sie ganz genau planen kann, was sie einkauft. Bei Bedarf kann Lynn die Produkte mit nur einem Klick über die App direkt zu sich nach Hause bestellen.

## CONSCIOUS FOOD CULTURE

Für Lynns Freund Daniel sind Ernährung und Gesundheitsbewusstsein eine Lebensphilosophie. Essen ist essenziell und erfüllt in seinen Augen vor allem eine lebenserhaltende Maßnahme. Folglich ist Genuss für ihn nur dann möglich, wenn Produkte und Nahrungsmittel seinen Wertevorstellungen entsprechen. Über Dalia, eine Nutrition Influencerin, der er bereits seit Jahren folgt, ist er auf die „Conscious Food Consumption"-Bewegung aufmerksam geworden und gemeinsam mit Lynn seither bekennender Anhänger. Die Conscious-Food-Kultur setzt sich für ein sozial und ökologisch verantwortungsvolles Lebensmittelsystem ein und engagiert sich für die Artenvielfalt sowie den Tierschutz.

**Soziale und ökologische Verantwortung**

Im Mittelpunkt der Bewegung steht verantwortungsvoller und bewusster Genuss. Seit einiger Zeit finden sich nun auch vermehrt Cafés und kleine Bistros, die das Conscious-Food-Consumption-Konzept leben. Diese Orte der Entschleunigung zelebrieren nicht nur den Verzehrmoment, sondern auch die Herstellung. So können Interessenten an offenen Kochabenden teilnehmen und beispielsweise die traditionelle Backweise von Brot erlernen.

## VERANTWORTUNG ÜBERNEHMEN

Auch Lynn und ihr Freund sind mittlerweile ein aktiver Teil der Community. Unter anderem helfen sie bei der Organisation von Informationsveranstaltungen und Kochkursen. Aber auch politisches Engagement gehört dazu.
Der unermüdliche Einsatz ihrer Landesgruppe hat so bereits dazu geführt, dass weitere Verschärfungen der Zucker- und Fleischsteuer sowie ein Plastikverbot durch den Bundestag beschlossen wurden. Auf diese Weise werden nicht nur Verbraucher zur Verant-

**Politisches Engagement**

wortung gezogen, sondern auch die Industrie, deren Einfluss auf Gesundheit und Umwelt signifikant ist.

## Tom

**Persona 2: Tom, 48 Jahre, aus Frankfurt a. M.**

- Gen X/Y, Flexitarier
- Liebt Trends und folgt immer den neusten / probiert sich durch / ist für jeden Trend zu haben
- Ständiges Streben nach Individualität + Selbstentfaltung
- Nutzt viele To-go-Möglichkeiten oder Lieferservices und Home Delivery – spart sich die Zeit des Einkaufens lieber
- Genussmensch

Tom, 48 Jahre, alleinstehender Programmierer aus Frankfurt am Main. Wie sieht sein Ernährungsalltag aus und welche Trends finden bei ihm Anklang?

### GET TO KNOW TOM

**Viel Zeit außer Haus**

Tom ist kürzlich aus der Kleinstadt in die Bankenmetropole Frankfurt gezogen. Seit der Scheidung von seiner Frau fokussiert er sich mehr denn je auf seine Karriere. Derzeit arbeitet er in der Softwareentwicklung für verschiedene Großbanken. Tom lebt für seinen Beruf –

oft verlässt er bereits frühmorgens die Wohnung und kehrt erst sehr spät zurück. Da er seine Kinder nur alle zwei Wochen an den Wochenenden bei sich hat, verbringt er die anderen Wochenenden größtenteils mit seiner Arbeit. Beruflicher Erfolg und Selbstentfaltung sind das A und O für Tom.

## ZEIT FÜR ESSEN?

Da Toms Job formgebend für seinen Alltag ist, folgt seine Nahrungsaufnahme keinen festen Strukturen, sondern muss sich an seinen Tagesablauf anpassen. So kommt es, dass Tom regelmäßig To-go-Gerichte konsumiert oder sich Convenience Food per Home Delivery liefern lässt. Letzteres kann er dann schnell und unkompliziert nach Feierabend für sich zubereiten. Die Zeit (und Motivation), einzukaufen und zu kochen, fehlt ihm meistens. Daher greift er lieber auf praktische Alternativen zurück, die sich leicht in seinen Tagesrhythmus integrieren lassen.

Die typische Mahlzeitenverteilung mit Frühstück, Mittagessen und Abendbrot mochte Tom noch nie. Er isst lieber dann, wenn er wirklich Appetit hat, und so snackt er sich mit vielfältigen Mini-Mahlzeiten durch den Tag. Dennoch legt Tom großen Wert auf Genuss – es reicht nicht aus, dass Mahlzeiten satt machen und schnell zuzubereiten sind. Sie müssen auch schmecken, appetitlich aussehen und sollten möglichst gesund sein.

**Hochwertige Snacks**

## INNOVATION IS KEY

Tom ist durch und durch ein Tech-Fan. Innovationen, egal in welchem Bereich, wecken schnell sein Interesse – insbesondere, wenn sie Alltagssituationen erleichtern. So ist die Küche in seiner neuen Wohnung komplett vernetzt: Ob Wasserkocher, Herd oder Kühlschrank – alles lässt sich per Voice Control steuern. Darüber hinaus trägt beispielsweise der Smart-Home-Kühlschrank dazu bei, dass Tom den Überblick über die Lebensmittel, die er eingekauft hat, behält. Denn die Haltbar-

**Hightech-Unterstützung**

keitsdaten werden beim Verstauen der Produkte in den heimischen Kühlschrank gescannt und an eine App auf Toms Handy gesendet.

Diese kontrolliert den Ablauf des Mindesthaltbarkeitsdatums laufend und sendet zwei Tage vor Ablauf einen Warnhinweis an Tom. Auf diese Weise hat er stets die Kontrolle über den Inhalt seines Kühlschranks und muss kaum noch Lebensmittel entsorgen. Zudem hat Tom die Automatic-Home-Delivery-Funktion aktiviert. Diese sorgt dafür, dass der Kühlschrank die Bestandsdaten laufend auswertet und Grundnahrungsmittel wie Milch und Joghurt automatisch nachbestellt, sobald diese aufgebraucht sind. Hierfür werden die Daten an einen Home-Delivery-Dienstleister übermittelt, der entsprechende Lebensmittelpakete zusammenstellt und an Tom liefert. Einmal pro Monat erfolgt dann eine bargeldlose Gesamtabrechnung.

Eine weitere Innovation, die Tom, der sich flexitarisch ernährt, bereits vor Jahren überzeugt hat, ist Clean Meat, Fleisch aus Laborzüchtung. Waren die Clean-Meat-Produkte sonst nur vereinzelt oder online erhältlich, sind sie 2030 ein fester Bestandteil des regulären Supermarktbestands und werden von einer zunehmenden Anzahl von Verbrauchern nachgefragt. Der Vorteil: Clean Meat wird der wachsenden Nachfrage nach Fleischalternativen gerecht und garantiert gleichzeitig eine bessere Lebensmittelsicherheit, weniger Umweltschäden und eine Lösung der Tierschutzfrage. Kurzum: (gelegentlicher Fleisch-)Genuss ohne schlechtes Gewissen.

**Clean Meat**

Darüber hinaus ist Tom sehr beeindruckt von der flächendeckenden Umsetzung der flexiblen Lebensmittelpreise in den Supermärkten. In Abhängigkeit zu Bestands- und Logistikdaten, wie Stoßzeiten, Mindesthaltbarkeitsdatum, Wetter, Verkehrslage, Vorrat oder Wettbewerberpreisaktionen, passen sich die Preise entsprechend an. Auf diese Weise hat der Lebensmitteleinzelhandel die Möglichkeit, vorteilhafter, aber auch nachhaltiger zu wirtschaften und beispielsweise Food Waste auf ein Minimum zu reduzieren.

**Flexibel und nachhaltig**

Tom ist davon überzeugt, dass der technische Fortschritt Konsumenten noch viele weitere, bahnbrechende Möglichkeiten bieten wird, die ihren Alltag hinsichtlich Gesundheit, Lebensmittelsicherheit und Umweltschutz erleichtern werden.

## Esther

**Persona 3: Esther, 79 Jahre, aus Nürnberg**

- Babyboomer-/Nachkriegsgeneration
- Witwe, Mutter von drei Töchtern, Oma von fünf Enkeln
- Pragmatisch und offen gegenüber Neuerungen, teils aber auch etwas stur/eingefahren
- Nascht gerne
- Streben nach Selbstständigkeit und Unabhängigkeit auch im Alter
- Ernährungs-App für altersgerechte und ausgewogene Ernährung
- Convenience Food als praktisches Mittel für ihren Einpersonenhaushalt
- Ansprüche: Geschmack, Preis, Inhaltsstoffe/Nährwert
- Hat Zeit, sich zu informieren
- Nutzt Automatic Home Delivery
- Kein Fan von Trend Food wie Algen, Insekten oder In-vitro-Fleisch

Teil 3 beschäftigt sich mit Esther, 79 Jahre, Rentnerin und verwitwet, die zur Generation der „Babyboomer" zählt. Was konsumiert sie und nach welchen Werten kauft sie ein?

## WER IST ESTHER?

Esther ist 1951 als einziges Kind ihrer Familie im Nachkriegsdeutschland geboren. Ihre Kindheit und Jugend sind geprägt von harter Arbeit. Sie unterstützt die Mutter, wo sie kann, und baut sich später mit viel Ehrgeiz und Durchhaltevermögen ein eigenständiges Leben auf. Glücklich verheiratet und mit drei Kindern gesegnet, genießt sie später ihren hart erarbeiteten Wohlstand. Da sie am eigenen Leib erfahren musste, was Armut und Verzicht bedeutet, nimmt sie nichts im Leben für selbstverständlich und ist stets sparsam.

**Sparsamkeit**

Insbesondere während der letzten Jahre, nach denen ihr Ehemann an einem Herzinfarkt verstarb und sie selbst mit altersbedingten Beschwerden zu kämpfen hatte, ist sie dankbar für die Gesundheit ihrer Familie sowie den wohlverdienten Ruhestand. 2030 ist Esther Teil einer der am stärksten wachsenden Bevölkerungsgruppen in Deutschland. Rund 6,3 Millionen Menschen sind 80 Jahre oder älter.

## BEDÜRFNISSE UND KONSUMVERHALTEN

Aufgrund der prägenden Kindheit und Jugend gibt es für Esther gegenwärtig keinen größeren Luxus als die nahezu unbegrenzte Verfügbarkeit von Lebensmitteln. Daher kocht sie noch heute gerne und üppig – insbesondere, wenn die Kinder und Enkel am Wochenende zu Besuch sind. Saftiger Krustenbraten mit Kartoffelknödeln und köstliche Süßspeisen sind ihr Fachgebiet. Allerdings lebt Esther wie gut die Hälfte der deutschen Bevölkerung in einem Einpersonenhaushalt. Das Kochen aufwendiger Mahlzeiten lohnt sich für sie allein zumeist nicht.

Seit dem Tod ihres Mannes legen ihr sowohl die Töchter als auch der Hausarzt nahe, sich ausgewogener zu ernähren. Wie für die meisten Hochbetagten stellt es für Esther ein ernsthaftes Problem dar, dass sie nicht ausreichend Flüssigkeit zu sich nimmt. Abhilfe soll hierbei ihr neuer Wasservollautomat „Aquavitu“ schaffen. Das Gerät ist nur mini-

**Erinnerung ans Wassertrinken**

mal größer als ein durchschnittlicher Wasserkocher und fasst ein Volumen von 1,5 Liter – ideal, um Esthers Tagesbedarf an Flüssigkeit zu decken. Es hat eine Sprudelfunktion, daneben kann Esther sich auch gefiltertes kaltes oder heißes Wasser abfüllen. Auch eigens aufgesprudelte Fruchtsaftgetränke sind dank der Frucht-Patronen möglich. Zusätzlich gibt es auf ihre Bedürfnisse angepasste Nahrungsergänzungspulver, die der Aquavitu dem Wasser bei Bedarf automatisch zusetzt. Die Daten hierfür bezieht der Wasserautomat direkt von Esthers Health Watch, die sie auch regelmäßig ans Trinken erinnert. Wenn sie ihr tägliches Soll an Flüssigkeitszufuhr erfüllt, nascht Esther zur Belohnung sonntags dann ein, zwei – oder vielleicht auch mal drei – Kekse mehr.

## TREND: SMARTE ALLTAGSHILFE

Der Aquavitu ist Teil eines Deals, den Esther mit ihren Töchtern ausgehandelt hat: Solange sie regelmäßig genug trinkt und den Ernährungsempfehlungen ihres Arztes folgt, kann sie weiterhin eigenständig einkaufen gehen. Denn Unabhängigkeit ist Esther besonders wichtig. Sie möchte ihren Töchtern nicht zur Last fallen und sich gleichzeitig nicht bevormunden lassen. Außerdem macht der wöchentliche Einkauf viel mehr Spaß, seit ihre Voice Assistant Lisbeth – von einem Mann lässt Esther sich nichts erzählen – ihr vor dem Einkauf die tagesaktuellen Angebote, Ernährungstipps und Veranstaltungen ihres Lieblings-Edeka aufzählt.

**Voice Assistant**

Und nicht nur das: Esther kann der Voice Assistant direkt eine Einkaufsliste diktieren, die sie selbst dann im Supermarkt abarbeitet. Als Stammkundin aktiviert sie dort im Eingangsbereich einfach einen Handscanner, mit dem sie alle Produkte, die sie benötigt, registriert und in ihren Wagen packt. Esther schätzt die Bequemlichkeit dieses Systems sehr. Nicht nur, dass sie so während des gesamten Einkaufs den Überblick über die Produkte und Preise behält, sie könnte sich bei Bedarf auch von dem Display des Scanners durch den Laden zu einem Wunschprodukt navigieren lassen. Am Ende des Einkaufs muss sie die Waren außerdem nicht noch umständlich auf ein Kassenband legen, sondern kann per Digital Pay bezahlen und den Markt ganz bequem mit ihren Einkäufen verlassen. Alternativ

**Bequem einkaufen oder liefern lassen**

kann sie über Lisbeth eine Onlinebestellung der Lebensmittel im Markt aufgeben, die dort für sie vorbereitet wird. Auch Home Delivery hat sie schon ausprobiert. Eine wirklich praktische Erfindung! Gerade, wenn sie sich einmal nicht fit genug fühlt.

## LEBENS-UPGRADE

Seit kurzem hat auch Willi, ihr langjähriger Schulfreund, einen Voice Assistant. Esthers Enkelin Janika hat die beiden Assistants neulich gekoppelt, sodass sie direkt miteinander vernetzt sind. Auf diese Weise können Esther und Willi nicht nur kommunizieren, sie können auch ihre Termine miteinander teilen. Wenn Willi beispielsweise am wöchentlichen Senioren-Kaffeekränzchen im Lebensmittelgeschäft um die Ecke teilnimmt, informiert Esthers Voice Assistant sie darüber, sodass sie sich ihm anschließen kann. Seitdem unternimmt Esther wieder deutlich mehr und entkommt der zunehmenden und durch das Alter bedingten Einsamkeit.

**Zusatzfunktionen**

Esther ist begeistert – denn auch wenn sie technische Entwicklungen wie Voice Assistants anfangs skeptisch beäugt hat, ist sie heute davon überzeugt, dass sie ihr das Rentnerdasein erleichtern.

## Familie Schuster-Yilmaz

**Persona 4: Familie Schuster-Yilmaz aus München**

Familie Schuster-Yilmaz,
das sind:

- Vater Hamza
  - 42 Jahre alt
  - Münchner Kindl
  - Ingenieur der Elektrotechnik bei BMW
  - Flexitarier
  - Essen bedeutet für ihn Quality-Time mit der Familie
  - Geht gerne auf dem Elisabethmarkt einkaufen
- Mutter Anna
  - 39 Jahre alt
  - Ursprünglich aus der Hansestadt Hamburg
  - Arbeitet als Lektorin in Teilzeit
  - Seit ihrer Jugend ernährt sie sich vegetarisch
  - Achtet sehr auf Ernährung der Familie
  - Qualität, Frische, Nachhaltigkeit und Regionalität von Lebensmitteln sind für sie ausschlaggebend
- Sohn Malik, 10 Jahre alt
  - Besucht die fünfte Klasse des Gymnasiums
  - Im Alter von sechs Jahren wurde eine Genanalyse erstellt, nach der sich sein Ernährungsplan richtet
  - Kocht gerne mit seinen Eltern
  - Sein Highlight: Einmal in der Woche darf er beim Einkaufen und Kochen aktiv werden

Familie Schuster-Yilmaz aus München: Wie sieht ihr Ernährungsalltag aus, insbesondere in Hinblick auf die (früh)kindliche Ernährung des 10-jährigen Kindes Malik?

## WILLKOMMEN BEI FAMILIE SCHUSTER-YILMAZ

**Gemeinsam essen**

Familie Schuster-Yilmaz – das sind Vater Hamza, 42 Jahre alt, Ingenieur der Elektrotechnik bei BMW, Mutter Anna, 39 Jahre alt, Lektorin in Teilzeit, und Sohn Malik, zehn Jahre alt, der seit kurzem die fünfte Klasse eines städtischen Gymnasiums besucht. Gemeinsam lebt die junge Familie in Schwabing-West – einem idyllischen Münchner Stadtteil, gelegen zwischen Olympiapark und Englischem Garten. Einer der Dreh- und Angelpunkte des Familienlebens ist das gemeinsame Essen und alles, was dazugehört: einkaufen, putzen, schneiden und kochen – und schließlich gemeinsam genießen!

## PRÄVENTION STATT NACHSICHT

Da Annas Seite der Familie stark zu Krankheiten wie Adipositas, Diabetes und Bluthochdruck neigt, legt sie großen Wert auf eine gesunde und ausgewogene Ernährung ihrer beiden Liebsten. Sie selbst ernährt sich bereits seit knapp 20 Jahren rein vegetarisch, Hamza, seit er sie kennengelernt hat, zumindest flexitarisch – ab und an kann er zu einem guten Stück Fleisch oder Fisch einfach nicht Nein sagen.

**Individuelle Ernährung**

Da sich beide nur das Beste für Malik wünschen, jedoch nichts dem Zufall überlassen möchten, entschied sich das Ehepaar dazu, bei Malik im Alter von sechs Jahren eine Genanalyse durchführen zu lassen, auf deren Grundlage ein individuelles Ernährungsprofil erstellt wurde. Auch wenn eine solche Analyse nur grobe Anhaltspunkte zu den Wahrscheinlichkeiten möglicher Erkrankungen durch individuelle Genvariationen geben kann, gibt der erarbeitete Ernährungsplan einen hilfreichen Rahmen mit wertvollen Tipps vor, der dazu beiträgt, der Veranlagung zu bestimmten Krankheiten bereits frühzeitig zu begegnen.

## KINDLICHE ERNÄHRUNG: SPASS MUSS SEIN!

Anna und Hamza ist es besonders wichtig, ihrem Sohn ein gutes Vorbild zu sein und ihm bereits frühzeitig eine ausgewogene Ernährung nahezubringen. So tragen beide dafür Sorge, dass Malik sich regelmäßig mit Lebensmitteln und ihrer Zubereitung auseinandersetzt – und vor allem: Spaß daran hat. Denn, da sind sich die beiden einig, spielerisch gesund essen und kochen lernen sowie ein fester Essensrhythmus und gemeinsame Rituale fördern Maliks Lust an ausgewogener Ernährung und bilden das Fundament für sein körperliches Wohlbefinden.

**Qualitäts- und Umweltlabel**

Immer mittwochs nach der Schule darf Malik gemeinsam mit seiner Mutter im nahegelegenen „Bio Take & Go"-City-Markt einkaufen. Bereits am Vorabend erstellt Anna hierfür online eine Einkaufsliste, die sie dann im Laden gemeinsam abarbeiten. Anna bevorzugt diese effektive Form des Einkaufens: kein Schlangestehen, kein Aus- und Einpacken, einfach kurz am Eingang ihre Kundenkarte scannen, die Ware aus dem Regal nehmen und später direkt im Einkaufskorb raustragen. Natürlich achtet sie bei ihrem Einkauf neben dem Preis auch auf bestimmte Qualitätslabel wie den Nutri-Score, das Siegel für verantwortungsvollen Fischfang sowie das Klimalabel. Auf diese Weise lernt auch Malik, worauf es bei Lebensmitteln zu achten gilt, welche Label es gibt und welche Bedeutung diese haben.

## RITUALE SCHAFFEN

**Gemeinsam auf dem Wochenmarkt**

Samstage hingegen sind Maliks eigentliches Highlight: Am Wochenende wird immer ausgiebig und aufwendig gekocht. Daher geht die Familie samstagvormittags gemeinsam auf den Elisabethmarkt im Herzen von Schwabing. Hier gibt es frisches Obst und Gemüse in Hülle und Fülle, aber auch leckere Feinkost. Zu Hause angekommen wird gemeinsam ausgeräumt und anschließend gekocht. Anna und Hamza bemühen sich hierbei stets darum, Aufgaben gerecht aufzuteilen und Malik weitestgehend miteinzubeziehen. Es ist ihnen ein besonderes Anliegen, Malik von klein auf eine Vielfalt an Rezepten und Gerichten mit auf den Weg zu geben und ihn durch Spaß für das (gesunde) Kochen zu begeistern.

# TEIL IV

# WEITBLICK

# 1 Werbung und Kommunikation 2030
*Bernd Lange*

## „Generation Gameboy“

Die Generation, die 2020 über den Einsatz von Werbung zu entscheiden hatte, ist nicht mit digitalen Medien großgeworden. Um nicht „alt“ zu wirken, tendierten viele dazu, gerade dort besonders aktiv zu sein. „Wir müssen da was tun.“ Die Umsetzung überließen sie dann gerne den „Jungen“.

Die „Jungen“ hatten bereits einen Gameboy, bevor sie lesen und schreiben konnten, und sind mit Playstation und Smartphone aufgewachsen. Das Internet und die sozialen Medien waren für sie alltäglich. Ihnen fehlten allerdings noch das Marketing-Know-how und die nötige Erfahrung in Kommunikation und klassischer Markenführung.

2030 ist diese Generation Mitte 40 und sie wird es dann sein, die über den Einsatz von Werbung entscheidet. Inzwischen erfahren und kompetent. Das Internet ist für sie nichts Besonderes, ein Medium wie jedes andere. Einfach nur dabei sein ist kein Argument. Sie entscheiden sich für das Medium, das für die jeweilige Aufgabe am besten geeignet ist.

**Internet ist kein Neuland mehr**

Sie werden noch genauer analysieren, wofür Kommunikation im Internet wirklich geeignet ist. Sie wissen, dass man dort Zielgruppen besonders präzise ansprechen kann. Sie werden sich deshalb mehr Gedanken über die möglichst genaue Definition der Zielgruppe machen.

## Aus Werbestrategen werden Profiler

Demografische Unterscheidungen wie Alter, Haushaltseinkommen etc. werden immer weniger relevant. Stattdessen gewinnen psychografische Merkmale weiter an Bedeutung. Was haben Menschen gemeinsam, die sich für ein bestimmtes Produkt oder Unternehmen interessieren? Und was unterscheidet sie von denen, die sich für andere Marken entscheiden?

Man wird viel besser noch als heute herausfinden können, wer sich warum für welches Produkt interessieren könnte. Und sich fragen: Wie viele gibt es davon? Reicht das, um ein Produkt, eine Marke erfolgreich zu machen? Oder muss das Produkt verändert werden? Muss die Marke den Wünschen und Bedürfnissen der Konsumenten angepasst werden?

Es werden Profile der mutmaßlichen Verbraucher erstellt. Man wird genau analysieren, welche Interessen und Eigenschaften sie haben und wie sie sich im Internet bewegen. Es werden Unmengen von Daten analysiert. Und man wird ganz genau wissen, wen man wo und auch wann am besten erreicht. Und dort wird man auf sie warten. Mit einem Video, einer Anzeige oder einem PR-Beitrag. Oder selbst produziertem Entertainment.

**Wer kann wann wo erreicht werden?**

## Programme zur Kundenbindung

Schon seit vielen Jahren bringen Unternehmen gerne ihre Produkte in Spielfilmen oder Fernsehserien unter. Man nennt das Product Placement. Red Bull ging sogar einen Schritt weiter und gründete mit Servus TV einen eigenen TV-Kanal, um dort die ganzen Sportvideos unterzubringen, die sie eh bereits hatten und weiterhin regelmäßig produzieren.

**TV ist passé**

Aber wer aus der „Generation Gameboy" schaut heute noch Fernsehen? Filme oder Sendungen, die sie interessieren, schauen sie sich dann an, wenn sie Zeit und Lust dazu haben. Und zwar auf ihrem Computer. Viele haben schon gar kein TV-Gerät mehr. Wozu auch?

Unternehmen wie Netflix oder Amazon haben das längst erkannt und produzieren ihre eigenen Filme und Serien. Fürs Internet. Dafür brauchen sie keinen Fernsehsender. Der nächste logische Schritt wird also sein, dass die Markenartikler nicht mehr zum Film gehen, sondern der Film zum Markenartikler.

Das heißt, die TV-Kommissare werden nicht mehr nur Mercedes fahren, sondern die Krimis werden auf der Website von Mercedes laufen. Red Bull wird die Übertragungsrechte an der Formel 1 kaufen und die Rennen werden dann nur noch auf ihrer Website zu sehen sein. Die Fußball-WM kann man dann auf der Adidas-Seite verfolgen. Kochshows laufen bei Nestlé. Ernährungsratgeber bei Unilever. Familienserien bei Procter. „Verstehen Sie Spaß?" bei McDonald's.

**Content is King**

Jeder große Markenartikler wird eigene Filme, Serien und Unterhaltungsshows produzieren, die perfekt zum Lifestyle seiner Marken passen. Und die laufen nur auf seiner Website. So baut man nicht nur Image auf, sondern zieht damit auch regelmäßig die Zielgruppe auf seine Website.

## Zeit für Kreativität

Werbung, die die Zielgruppe nervt, ist kontraproduktiv. Je mehr die Werbung das Internet erobert, desto schwieriger wird es, dort erfolgreich zu sein. Aber es wird das wichtigste Medium sein. Deshalb braucht es hier frische Ideen, neue Wege. Emotionale Markenwelten und Lifestyle werden wichtiger sein als nüchterne Produktwerbung. Es geht dann nicht mehr nur um die Gestaltung der nächsten Anzeige, des nächsten Plakats, des nächsten Werbespots, sondern um neue Werbeformen, neue Werbemedien.

**Emotionen werden wichtiger**

Produkte und Dienstleistungen stehen mehr und mehr im internationalen Wettbewerb. Deshalb wird in der gesamten Marketingkette mehr Kreativität gebraucht. Angefangen von der Produktentwicklung über die Produktion bis hin zum Vertrieb. Große Unternehmen werden dafür eigene Kreative einstellen, die frei von rationalen Entscheidungszwängen für emotionalen Mehrwert der Marken sorgen.

Ungeahnte Kreativität

Die Zuwanderung von Migranten wird in Kunst, Musik und auch in der Werbung die Kreativität beflügeln. Sie bringen neue Sichtweisen, Erfahrungen und kulturelle Einflüsse in das kreative Denken, brechen mit verkrusteten Gewohnheiten und erweitern Horizonte. Jeder zweite Top-Kreative wird 2030 einen Migrationshintergrund haben.

## Flexible Arbeitsplätze und Arbeitszeiten

Auch wenn heute die großen internationalen Werbeagenturen sterben wie die Fliegen: Es wird sie immer geben, geben müssen. Weil durch das Internet einfach alles noch internationaler wird. Die Welt wird zum gigantischen Supermarkt. Jeder hat die Möglichkeit, weltweit einzukaufen. Auch Lebensmittel. Die großen, internationalen Marken werden so noch größer und noch internationaler. Dafür brauchen die Unternehmen Agenturen, die ihren Anforderungen entsprechen, die so sind wie sie. Aber die Agenturen müssen anders sein als heute. Schwerfällige Dinosaurier haben keine Überlebenschance.

Immer in Kontakt

Die Großagenturen werden zu gigantischen Netzwerken. Die Mitarbeiter sitzen nicht mehr in repräsentativen Agenturgebäuden. Sie sitzen und arbeiten, wo und auch wann sie wollen. Alleine oder in kleinen Teams. Briefings und Infos werden digital verbreitet. Sie haben Termine, die sie einhalten müssen. Sie kommunizieren übers Internet und tauschen sich ständig aus. Sie teilen mit ihrem Team alles, was sie machen, und erhalten sofort Input und Inspiration. Fehler werden sofort entdeckt. Nicht erst einen Tag vor der Präsentation.

Es spielt keine Rolle mehr, wo die Teammitglieder sich gerade befinden. Ob in Berlin, New York oder Tokio. Zu Hause, im Park, auf einer Finca oder einem Segelboot. Auch unterschiedliche Zeitzonen werden keine Rolle spielen. Jeder legt seine Arbeit, seine Fragen, seinen Input auf einem gut geschützten Server ab und erhält zeitnah Feedback.

## Begegnungen im virtuellen Raum

Überall auf der Welt werden statt Agenturbüros nur noch Servicestellen mit flexiblen Arbeitsplätzen und Meetingräumen sein. Dort haben Mitarbeiter einen Anlaufpunkt, wenn sie ihn denn brauchen oder gerne in Gesellschaft arbeiten möchten. Sie können sich treffen, wenn sie es für nötig halten. Und prospektive Kunden oder Mitarbeiter können dort hingehen, um die Agentur persönlich kennenzulernen.

Probleme wie Rassismus, Diskriminierung oder sexuelle Nötigung werden zwangsläufig geringer. Herkunft, Geschlecht oder körperliche Eigenschaften spielen kaum noch eine Rolle. Was zählt, ist Kompetenz und Talent. Endlich! Denn man trifft sich kaum persönlich, kommuniziert primär digital. Meetings, wenn überhaupt, finden virtuell statt.

**Fokus aufs Wesentliche**

Reisen werden drastisch reduziert. Es wird heißen: der Umwelt zuliebe. In Wahrheit natürlich, um Kosten zu sparen. Tatsächlich aber wird es der Umwelt wahrscheinlich weniger helfen, als man jetzt denken könnte. Denn es werden zwar deutlich weniger Geschäftsreisen, aber dafür umso mehr Privatreisen. Schließlich kann man dann ja von überall aus arbeiten.

## Homeoffice mit Social Network

Spätestens seit Corona haben Unternehmen digital aufgerüstet, ihre Networks datensicher gemacht. So können Mitarbeiter einfacher von zu Hause aus arbeiten. Das spart Unternehmen hohe Mieten, macht die Mitarbeiter flexibler.

Aber Corona hat vielen auch gezeigt, dass nicht jeder für dauerhaftes Homeoffice geeignet ist. Vor allem jüngeren Mitarbeitern wird der persönliche Kontakt zu Kolleginnen und Kollegen fehlen. Dies wird mit Treffen in den Innenstädten kompensiert. Die Innenstädte werden sich grundlegend verändern und entsprechende Angebote liefern.

**Innenstädte verändern sich**

Den Einzelhandel wird es so wie bisher nicht mehr geben. Alles, was man online kaufen kann, wird online gekauft. Nur Artikel des täglichen Gebrauchs wird man noch in Geschäften kaufen können. Und Souvenirs, denn die muss man schon selbst vor Ort gekauft haben, sonst sind es keine.

Verkaufsflächen werden zu Werbeflächen. Große Marken werden Showrooms einrichten, in denen sie die Markenwelt, den Lifestyle ihrer Marke emotional präsentieren. Die Produkte werden nur zum Anschauen, Ausprobieren oder Anprobieren dort sein. Gekauft wird online.

Die Innenstädte werden sich zu Erlebniswelten wandeln. Es wird mehr Fußgängerzonen geben, große Plätze ohne Verkehr. Sport- und Freizeitaktivitäten, wie Fußball, Basketball, Roll- oder Schlittschuhlaufen, Klettern, Fitnesstraining, Yoga etc., werden mitten in den Städten und Ortschaften stattfinden. Hier verabredet man sich nach dem Homeoffice zu gemeinsamen Aktivitäten oder einfach nur zum Quatschen. Hier trifft man sich zum Brainstorming oder zur Geschäftsbesprechung.

**Treffpunkte**

Da Autos bis 2030 autonom fahren, wird es neben den SUVs auch SOVs (Sports Office Vehicles) geben, bei denen man den Fahrer- und Beifahrersitz um 180 Grad drehen kann, um auch während der Fahrt Meetings mit Kollegen oder Kunden abhalten zu können.

Das Navigationssystem wird ein wichtiges Werbemittel werden. Hier wird Werbung für Restaurants, Treffpunkte, Showrooms, Freizeitaktivitäten platziert. Riesige Werbescreens werden die Landstraßen und Zufahrten in die Innenstädte erobern. Denn wer sich nicht mehr auf das Autofahren konzentrieren muss, hat mehr Zeit zum Schauen.

**Neue Werbemöglichkeiten**

## Beratung auf höchster Ebene

Nur die wirklichen Entscheidungsträger auf Kundenseite haben Counterparts auf Agenturseite. Ganz in ihrer Nähe. Der persönliche Kontakt auf dieser Ebene ist durch nichts zu ersetzen! Da die Unternehmensführer täglich mit betriebswirtschaftlichen Fragen und Finanzen zu tun haben, sehr rationale und oft auch unpopuläre Entscheidungen treffen müssen, handelt es sich bei ihnen in der Regel um strukturierte, logisch-analytisch denkende Personen mit dominanter linker Gehirnhälfte. Ihr idealer Spar-

**Yin und Yang**

ringspartner ist deshalb das passende Gegenstück: ein kreativer, intuitiver und emotionaler Typ mit dominanter rechter Gehirnhälfte. Die beiden ergänzen sich wie Yin und Yang.

Der Entscheidungsträger und sein kreativer Berater treffen sich regelmäßig zum Gedankenaustausch. Sie besprechen strategische Ausrichtungen, Unternehmensziele, Perspektiven und entwickeln gemeinsam Visionen für das Unternehmen und ihre Marken. Der Unternehmer selbst erstellt keine Briefings. Aufgabe des kreativen Beraters ist es, auf Basis der Gespräche konkrete Briefings zu formulieren und ein für die Aufgabe geeignetes Team zusammenzustellen. Alle wichtigen Marketing-Entscheidungen werden von ihnen getroffen.

## Warum nicht gleich so?

Solche Agenturen müssen erst noch gegründet werden. Mit Mitarbeitern, die feste Büros, feste Arbeitszeiten und ein festes Gehalt gewohnt sind und dies auch bevorzugen, ist das nicht zu machen. Für den Aufbau einer zeitgemäßen und funktionierenden Agentur braucht man geeignete Leute: Menschen, die unternehmerisch denken, flexibel, verantwortungsbewusst und zuverlässig sind. Dafür erhalten sie Lebensqualität, eine ausgewogene Work-Life-Balance und leistungsbezogene Honorare.

**Das Internet zeigt, was es wirklich kann**

Vieles wäre natürlich auch heute schon umsetzbar. Aber das Internet ist gerade für die Kommunikationsbranche so revolutionär, dass diejenigen, die nicht damit aufgewachsen sind, sich heute schwer tun, die geradezu unbegrenzten Möglichkeiten voll, aber vor allem auch sinnvoll auszuschöpfen. Erst wenn die „Generation Gameboy“ die Positionen der Entscheider erreicht hat, also selbst große Unternehmen leitet oder Agenturchef ist, kann auch das Internet zeigen, was es wirklich kann. Wir dürfen gespannt sein auf 2030!

*Bernd Lange* wurde 1958 in Frankfurt am Main geboren. Nach dem Abitur absolvierte er bei Young & Rubicam eine Ausbildung zum Werbekaufmann. Danach entschied er sich, in die Kreation zu gehen, und wechselte zum Ortskonkurrenten Ogilvy. Dort begann er als Junior Texter, erhielt nach einigen Jahren den David Ogilvy Award, wurde mit 27 Jahren Kreativdirektor und später Mitglied der Geschäftsleitung. Er blieb 22 Jahre bei Ogilvy und betreute in dieser Zeit einige der wichtigsten Kunden, wie z. B. Shell, American Express, Lufthansa, Unilever, Kraft Foods, Ferrero und Nestlé. Seine Arbeit wurde vielfach mit nationalen und internationalen Preisen ausgezeichnet. 2002 wurde er von der Agentur Kastner & Partner als Kreativgeschäftsführer abgeworben und war für den Hauptkunden Red Bull in über 30 Ländern verantwortlich. Vier Jahre später konnte Publicis ihn dafür gewinnen, die Traditionsmarke Maggi zu übernehmen. Hier lernte er Andreas Peters kennen. Gemeinsam gelang es ihnen, die Marke erfolgreich voranzutreiben. 2010 gründete Bernd Lange die Agentur RED ANGUS Creative Consultants.

# 2 Die Ernährung der Zukunft

*Rebecca Dörner*

Lassen Sie sich mitnehmen in die Zukunft. Malen wir folgendes Szenario: Stellen Sie sich vor, Sie gehen in ein paar Jahrzehnten einkaufen. Normalerweise erledigt das ihr Smart-Home-System, aber heute entscheiden Sie sich kurzfristig zum analogen Einkauf und wählen mit einem Klick, dass Sie Ihre Lebensmittel direkt per Drohne nach Hause liefern lassen. Sie betreten also diesen vollautomatisierten, klimaneutralen, Zero-Emissions-Supermarkt. Ihr Einkaufwagen hält selbstverständlich Schritt mit Ihnen und hat Ihre Daten auch bereits erfasst. Hinterlegt sind Ihre Gesundheitsdaten, Ihre Kontodaten, Ihre habituellen Einkäufe, was sehr praktisch ist, damit Sie nichts vergessen. Ihre gespeicherte Wertehierarchie steuert Ihren Einkauf gezielt zu den richtigen Produkten und gestaltet diesen effizient. Ihnen gefällt diese Effektivität beim Einkaufen – kein langes Suchen, kein Studieren der Verpackungsaufschriften mehr. Sie müssen sich allgemein viel weniger Gedanken darüber machen, was Sie nun einkaufen sollten, um sich entsprechend Ihrer Nährstoffbedarfsdeckung, Budget und Werteeinstellung zu verhalten.

**Wenige Jahrzehnte in der Zukunft**

Ihr Denken wurde quasi ausgelagert und dennoch können Sie entscheiden, dass Sie heute eine Maikäfersuppe mit Fleischklößen aus Laborfleisch mitnehmen, die in einer Schlauchbeutelverpackung aus Getreidespelz-Polymeren nachhaltig verpackt wurde. Als Beilage gibt es einen Salat mit Microgreens, der in einer Vertical Farm in einer Firma direkt außerhalb der Stadt produziert wurde und täglich frisch angeliefert wird. Hier laufen Bewässerung, Belichtung und Nährstoffversorgung der Pflanzen sowie Ernte, Verpackung und Transport vollautomatisiert, unterstützt durch eine künstliche Intelligenz der ersten Generation. Auf dem Weg zum Ausgang schlägt Ihnen der Einkaufswagen nun vor, die Maikäfersuppe mit einem Urkorngetreide-Baguette zu ergänzen, da das zum einen gut passt und die biologische Wertigkeit des enthaltenen Proteins erhöht und zum anderen das Brot durch einen speziellen Fermentationsprozess mit B-Vitaminen angereichert ist. Sie sind angetan und das Baguette wandert in den Einkaufswagen und wird in eine gecoatete Papiertasche eingepackt, die sich durch Zugabe eines Enzyms bei der Müllverarbeitung selbst zersetzt.

**Alles durchdacht**

Und nun dürfen Sie einen Moment durchatmen und sich vergegenwärtigen, wohin die Reise gehen könnte und inwieweit Sie diesen Veränderungen bereitwillig gegenüberstehen würden. Ein Teil davon kann sich realisieren lassen und da Ernährung ein essenzieller Bestandteil unseres Alltags ist, werden sich allgemeine Trends auch in diesem Bereich durchsetzen und zu Veränderungen führen. Fakt ist: Wir leben in einer Zeit der medialen Omnipräsenz des Themas Ernährung und entsprechend vielseitig und multifaktoriell sind die Zusammenhänge und die Interdisziplinarität anzusehen.

Bevor wir uns die einzelnen Komponenten nun etwas genauer anschauen und den Fokus weiter in die Zukunft richten, betrachten wir aus aktuellem Anlass die Ernährung in Zeiten der Corona-Pandemie. Die Corona-Pandemie hatte unsere Welt auf den Kopf gestellt. Plötzlich durften wir persönlich in der Maslowschen Bedürfnispyramide etwas tiefer einsteigen und vielem Unbekannten gegenübertreten. Im Unterschied zur Zukunftsvision hatten wir uns wieder auf die Basis unserer Bedürfnisse fokussiert. Wir hatten viel Neues gelernt und waren zur Auseinandersetzung mit uns selbst nahezu gezwungen. Das anfängliche Mantra „Krise als Chance“ verhallte und wir adaptierten uns an die neue Situation und durchlebten ein bevölkerungsweites Change-Experiment.

**Durch Corona back to basics**

## Von Hamsterkäufen und Küchenpraxis

Die anfänglichen Hamsterkäufe von haltbaren Lebensmitteln stellten Märkte und Hersteller vor neue Herausforderungen, sowohl in der Logistik als auch in der Produktion. Es wurden Vorratskäufe getätigt, die Sicherheit vermittelten. Die Menschen verbrachten mehr Zeit zu Hause und infolgedessen wurde mehr gekocht. Es stieg jedoch auch der Absatz des Außer-Haus-Verkaufs und von Convenience Food (Bundesministerium für Ernährung und Landwirtschaft 2020). In einer Befragung der TU München gaben knapp 80 Prozent der Erwachsenen an, dass sich ihre habituelle Lebensmittelauswahl nicht verändert hatte und trotzdem nahm über ein Viertel der Personen an Gewicht zu. Eine Erklärung könnte ein erhöhter Verzehr von Snacks, sowohl süßen als auch salzigen, und die räumliche Nähe zur Küche im Homeoffice sein. Entsprechend gesteigerte Absatzzahlen dieser Produktkategorie bestätigen den Griff zu den Snacks. Ein erschreckendes Ergebnis zeigte die Studie bei den Kindern und Jugendlichen: Die körperliche Aktivität war während der Pandemie stark reduziert, teilweise um rund die Hälfte (Koletzko et al. 2021). Diese Imbalance zwischen Energieaufnahme und Energieverbrauch kann langfristig das Risiko für Übergewicht steigern und somit eine indirekte Spätfolge der Einschränkungen während der Corona-Pandemie sein. Die weitere Entwicklung bleibt vorerst abzuwarten.

**Auswirkungen der Krise aufs Gewicht**

## Corona und ein verändertes Essverhalten

Ohne Zweifel war diese Zeit für viele Menschen mit Stress verbunden. Sei es durch die Veränderung der Arbeitsbedingungen und -zeiten, durch eine etwaige Doppelbelastung durch Homeoffice und Homeschooling oder durch Aktivitätseinschränkungen sowie psychische Sorgen und Probleme. Diese Komponenten können sich auf die Nahrungsaufnahme und -auswahl ausgewirkt haben, sodass das Essen ggf. mit einer gewissen Befriedigung, mit Trost oder Belohnung verbunden war.

Unabhängig davon kann Stress als solches, zum Beispiel durch chronische Überernährung, zu einer niederschwelligen Entzündung und veränderten Stoffwechselprozessen führen. Im Hintergrund spielen weiterhin die „stillen Pandemien" des chronischen Übergewichts und der gleichzeitigen Mangelernährung eine tragende Rolle, die sich zuspitzte (Álvarez et al. 2020). Die Corona-Pandemie trug nach außen, was die ganze Zeit bereits bestand. Sie präsentierte ganz deutlich neue und alte Konflikte im System der Ernährung. Es zeigte sich einmal mehr, dass Essen und Ernährung nicht isoliert betrachtet werden können, sondern immer im Kontext verschiedenster Disziplinen stehen. Es wurde darauf aufmerksam gemacht – doch was bleibt, nachdem die Schlagzeilen vergangen sind?

**Neue und alte Konflikte**

## Wir entscheiden, wie es weitergeht!

Wie nachhaltig die durch Corona bedingten Veränderungen im Essverhalten sind, bleibt offen. Denn die Veränderung eines als dienlich erachteten Verhaltens ist so individuell wie die Menschen selbst und kann daher nicht pauschal beantwortet werden – das ist universell übertragbar. Nichtsdestotrotz kann Corona zu nachhaltigen Veränderungen geführt haben und führen. Bleiben wir gespannt, wie sich der Markt verändern wird und die Konsumierenden darauf reagieren werden.

Lassen Sie uns so mutig sein, diesen Wandel aktiv mitzugestalten und zu prägen, indem wir gute Entscheidungen treffen und gestärkt aus dieser herausfordernden Zeit hervorgehen. Wir sind uns der ersten Folgen der Corona-Pandemie nun bewusst und haben es selbst in der Hand, den Blick auf das Positive zu richten. Lassen Sie uns diese Zäsur als einen Neuanfang wahrnehmen, den wir für uns nutzen können. Lassen Sie uns mit einer kleinen nachhaltigen Veränderung beginnen. Nehmen Sie sich nur eine kleine Sache vor, die Sie in Bezug auf Ihre Ernährung jetzt verändern möchten, und setzen Sie diese langfristig um – kleine Schritte, die zu einer Routine werden können.

**Zäsur als Anlass für Neuanfang**

> Die Zukunft hängt davon ab, was wir heute tun.
> Mahatma Gandhi

## Ernährung ist komplex und interdisziplinär

Die Auseinandersetzung mit der Ernährung während der Pandemie zeigte einmal mehr, wie komplex Ernährung sein kann, wie vernetzt und verkettet vieles dabei ist und welche Faktoren eine Rolle spielen können. Von der Spitze der Bedürfnispyramide ging es durch die Pandemie rasant zum Fundament der Pyramide zurück – Grundbedürfnisse standen nun wieder im Fokus der Aufmerksamkeit. Dabei steht nach wie vor die Frage im Raum: Gibt es die eine „richtige" und „gute" Ernährung? Die, bei der Algorithmen entscheiden, was gut für uns ist, um lange und gesund zu leben?

**Verwirrende Empfehlungen**

Denn oft fragt man sich: Warum sind Ernährungsempfehlungen, die sich auf Studien im Bereich der Ernährungswissenschaften berufen, oft so widersprüchlich und verwirrend? Ein Teil der Antwort liegt in der Evidenz begründet. Ernährungsempfehlungen werden in Fachkreisen erst dann als gesichert angesehen, wenn bestimmte Mindestanforderungen von den Studien erfüllt werden. Eine Herangehensweise, die in anderen Wissenschaftsdisziplinen deutlich einfacher umsetzbar ist als im Ernährungsbereich. Die Ernährung ist sehr vielseitig, wechselseitig reguliert und so gibt es weniger Schwarz und Weiß, dafür mehr Grauabstufungen. Es zeigt sich wieder einmal: Ernährung ist mehr als die Summe ihrer Teile, mehr als die reine Bedarfsdeckung von Nährstoffen, sondern steht im Zusammenhang und Austausch mit verschiedenen anderen Wissenschaftsdisziplinen. Für viele Menschen ist der Verzehr bestimmter Lebensmittel sowie der Einkauf bestimmter Markenprodukte Teil ihres Lifestyles im Sinne des Sozialprestiges. Die Ernährung dient somit vielmehr als Distinktionsmerkmal, dessen wir uns auch im Rahmen der Vermarktung von Lebensmitteln bewusst werden dürfen. Ernährung kann somit als Ausdruck der Persönlichkeit fungieren und darf auch so behandelt werden.

Lassen Sie uns daher wissbegierig und kritisch werden und bleiben!

Was macht denn nun die Ernährung der Zukunft aus? Lassen Sie uns einzelne Komponenten genauer beleuchten:

## Ernährung ist digital und individuell

Gesundheit hat einen hohen Stellenwert in der heutigen Gesellschaft. Wer würde nicht gerne gesund alt werden?

In Zeiten der Digitalisierung sammeln wir jede Menge Daten, darunter zahlreiche Gesundheitsdaten. Wie praktisch das sein kann, zeigte das Zukunftsszenario eingangs sehr deutlich. Wir tracken unsere Joggingrunden und vielleicht auch die Ernährung über eine App, um den Überblick über die verzehrten Lebensmittel und das Gewicht zu behalten, verbunden mit dem Ziel, möglichst lange gesund und fit zu bleiben. Allerhand Gadgets sind mittlerweile auf dem Markt, die mannigfaltige Funktionen haben und Infos liefern. Nun stellt sich die Frage: Was, wenn diese Daten in einem anderen Zusammenhang genutzt werden könnten und uns Aufschluss über unsere förderlichen Verhaltensweisen geben und uns helfen, gute Entscheidungen zu treffen? Hierzu zählen beispielsweise Ernährung, Bewegung, Schlaf oder die aktive Bildschirmzeit am Smartphone. Es gibt Personen, wie beispielsweise Angehörige der Quantified-Self-Bewegung oder Personen, die sich mit Biohacking auseinandersetzen, die es auf die Spitze treiben, motiviert von der Vorstellung, immer mehr Informationen über den eigenen Körper zu sammeln, um das Verständnis dieser Informationen zu Selbstoptimierungszwecken zu nutzen. Zweifelsohne kommen damit sämtliche Vor- und Nachteile von Big Data und den geltenden Datenschutzbestimmungen erneut auf und bedürfen einer individuellen Auseinandersetzung.

**Gesundheitsdaten**

In diesem Kontext rücken zudem Konzepte wie die Langlebigkeit (engl. longevity) in den Fokus. Dabei geht es nicht nur um die Ausweitung der Life Span, sondern auch der sogenannten Health Span, also der in Gesundheit verbrachten

Lebensjahre. Betrachtet werden da oft die sogenannten Blue Zones (Buettner und Skemp 2016). Der Begriff umfasst verschiedene Orte weltweit, in denen die Menschen überdurchschnittlich alt werden. Was kann man sich von diesen Personen abschauen? Auffallend sind der hohe Anteil an pflanzlichen Produkten und eine moderate Kalorienrestriktion. Das heißt, die Personen essen nur bis zu einer Sättigung von rund 80 Prozent. Die damit in Verbindung stehenden gesundheitlichen Vorteile stehen derzeit im Fokus der Forschung (Appel 2008). Dies kommt auch im Trend des intermittierenden Fastens zum Tragen.

**Life Span und Health Span**

Zustimmung erhält hier die intuitive Ernährung, die darauf basiert, auf die Signale des Körpers zu hören. Das heißt, zu akzeptieren, dass unsere Körper sehr individuell reguliert sind und daher individualisierte Ernährungsansätze angebracht sein können. Konzepte der personalisierten Ernährung bleiben attraktiv. Wie reagiert mein Körper auf verschiedene Nährstoffe? Wie hoch steigt der Blutzuckerspiegel als Reaktion auf eine kohlenhydratreiche Mahlzeit an? Wie ist die individuelle Verträglichkeit des Lebensmittels? Das sind nur wenige Fragen aus diesem Bereich.

Was, wenn diese Lebensmittel nun noch weitere förderliche Auswirkungen auf den Körper haben können – Stichwort: Functional Food, also mit zusätzlichen Inhaltsstoffen angereicherte Lebensmittel. Ein Trend, der sich ausweiten wird. Um ein Beispiel zu nennen: Brot mit dem Zusatz von bestimmten Bakterienkulturen, die im Fermentationsprozess Vitamin B12 produzieren, das bei einer veganen Ernährung oft defizitär ist (Xie et al. 2019). Zum Teil werden adaptierte Ernährungsstrategien für jede Lebenslage entworfen – serotonin- und tryptophanreiche Lebensmittel als Mood Food bei schlechter Laune und viele andere Ideen, die nur teilweise faktenbasiert sind und eine höchstindividuelle Erfahrungssammlung abbilden.

**Ernährungsstrategien für jede Lebenslage**

Lassen Sie uns neugierig werden und bleiben!

## Ernährung ist nachhaltig

Ein großes Thema der kommenden Jahre und Jahrzehnte wird ohne Zweifel die Nachhaltigkeit sein. Nicht nur auf politischer Ebene wird darüber viel diskutiert, obschon die Richtung klar vorgegeben ist.

Deutschland lebt derzeit mit einem Ressourcenverbrauch von knapp drei Erden – der jährliche Earth Overshoot Day, der Tag, an dem alle verfügbaren Ressourcen für ein Jahr aufgebraucht sind, rückt immer weiter nach vorne (2020: 22. August global, 3. Mai in Deutschland – Anmerkung: Corona und die Reduktion der Emissionen sorgten im Jahr 2020 für eine Verzögerung von rund drei Wochen) (Global Footprint Network 2021, 2019). Wir leben über unsere Verhältnisse, über unsere planetaren Grenzen (Steffen et al. 2015). Laut wissenschaftlichen Studien des Wuppertal Instituts für Klima, Umwelt, Energie gGmbH gibt es für den Bereich Ernährung ein Einsparpotenzial von bis zu 30 Prozent der klimarelevanten Emissionen (Speck et al. 2020).

**Über unsere Verhältnisse**

Nicht nur Überernährung, sondern auch Lebensmittelverschwendung stellt einen entbehrlichen Teil dar, der zur Überproduktion und damit einem vermeidbaren Ressourcenverbrauch beiträgt und natürlich einen Anteil an der öffentlichen Gesundheit leistet. Wir werden an dieser Stelle mit unseren eigenen Ansprüchen konfrontiert. Schließlich sind wir es gewohnt, dass wir zu jeder Jahreszeit alle Lebensmittel in mehr als ausreichender Menge zur Verfügung haben, ungeachtet der Saisonalität, des Anbauortes und des Transportweges.

Im Bereich der Ernährung ist das Thema Nachhaltigkeit längst angekommen und so hat die EAT-Lancet Commission in ihrem Bericht 2019 eine Empfehlung für eine nachhaltige Ernährungsform herausgegeben, die planetare Grenzen auch in Hinblick auf die wachsende Weltbevölkerung berücksichtigt – die *planetary health diet* (Willett et al. 2019). Diese Ernährungsform soll die Menschen und den Planeten langfristig gesund erhalten. Was zeigt sich nun in dieser Empfehlung, verglichen zur durchschnittlichen Ernährung in Deutschland? Zum einen eine drastische Re-

**Planetary Health Diet**

duktion im Verzehr von Lebensmitteln tierischen Ursprungs, die durch einen hohen Ressourcenbedarf gekennzeichnet sind; zum anderen eine große Auswahl an Gemüse, Obst, Vollkorngetreide, Hülsenfrüchten, Nüssen und Samen, die bestenfalls regional und saisonal bezogen werden. Berücksichtigt werden dabei verantwortungsvolle Landnutzung, Stickstoff- und Phosphatkreisläufe, Treibhausgasemissionen, Frischwasserverbrauch und der Erhalt der Biodiversität (Willett et al. 2019).

Wer sich intensiver mit der *planetary health diet* auseinandersetzt, wird schnell bemerken, dass das gar nicht so einfach ist, da zum Beispiel die Herkunft der Lebensmittel nicht immer so leicht zu erfassen ist. Es geht aus vielen Etiketten nicht hervor, ob die exotische Frucht eingeflogen oder verschifft wurde. Auf die Emissionen macht das jedoch einen immensen Unterschied. Und Sie werden sich neue Fragen stellen: Warum werden Salate importiert, die auch Saison in Deutschland haben?

Und so ist das Credo der UN-Konferenz für Umwelt und Entwicklung in Rio de Janeiro 1992 weiterhin aktuell: „Global denken, lokal handeln“.

Lassen Sie uns ressourcenorientiert denken, handeln und essen!

## Ernährung ist neuartig

Ein großer Teil der Emissionen geht wie bereits erwähnt auf die Produktion tierischer Lebensmittel zurück (Speck et al. 2020). Vor allem im Kontext des Proteinbedarfs werden tierische Lebensmittel oft erwähnt. An dieser Stelle kommen Diskussionen über Insekten als alternative Proteinquellen auf. Erste Schritte wurden in diesem Bereich schon unternommen. Insektenriegel sind mittlerweile auf dem Markt und vereinzelt können Insekten in ausgewählten Supermärkten erworben werden, auch Burger-Patties gibt es schon auf Insektenbasis und sind in Deutschland zugelassen. Uneinigkeit herrscht bei der Akzeptanz der Insekten als Lebensmittel im Allgemeinen wie auch bei deren individueller Verdaulichkeit. In

**Alternative Proteinquellen**

einer Befragung im Jahr 2015 zeigte nur rund ein Fünftel der Deutschen die Bereitschaft, Insekten zu essen. Höher war die Akzeptanz, wenn die Insekten verarbeitet und damit nicht mehr sichtbar waren (Hartmann et al. 2015). Die Ernährungs- und Landwirtschaftsorganisation der Vereinten Nationen (FAO) geht Schätzungen zufolge von einem weltweiten Verzehr von rund 1900 verschiedenen Insektenarten aus (Bundesinstitut für Risikobewertung 2016).

Insekten zählen nach geltendem Recht als Novel Food und werden von der EFSA (European Food Safety Authority) bewertet. Wissenschaftler der EFSA geben zu bedenken, dass der Proteingehalt oftmals überschätzt wird, sobald das Exoskelett mitgegessen wird (European Food Safety Authority 2021). Es gibt eine weite Range im Proteingehalt zwischen den Arten von knapp 30 bis 70 Prozent. Auch wenn Insekten als wertvolle Nährstoffquelle mit vielversprechenden Inhaltsstoffen, wie beispielsweise antioxidativem Potenzial, Vitaminen, Mineralstoffen oder Carotinoiden, angesehen werden können, so ist noch vieles unklar. Es muss geprüft werden, ob es zu allergischen Reaktionen beziehungsweise Kreuzreaktionen mit anderen Lebensmitteln kommen kann. Die Komplexität und Vielfalt der Organismen stellt in diesem Punkt eine Herausforderung dar (European Food Safety Authority 2021).

**Noch vieles unklar**

Zudem müssen bei der Zubereitung und Kennzeichnung einige Dinge beachtet werden, da Insekten, wie auch rohes Fleisch, mit Bakterien behaftet sein können und eine Erhitzung z. T. obligat ist. Das deutsche Bundesinstitut für Risikobewertung weist nachdrücklich auf den Forschungsbedarf hinsichtlich toxikologischer, mikrobieller und lebensmittelhygienischer Sicherheit hin (Bundesinstitut für Risikobewertung 2016). Nichtsdestoweniger können Insekten im Kontext der wachsenden Weltbevölkerung ein wichtiges und wertvolles Lebensmittel sein. Insekten sollten aufgrund ihres besonderen Aminosäureprofils jedoch nicht nur auf ihren Proteingehalt reduziert werden, sie enthalten weitere wertvolle Inhaltstoffe, die von Interesse sind und gegenwärtig in wissenschaftlichen Untersuchungen in vivo auf ihren gesundheitlichen Effekt hin untersucht werden (Mishyna und Glumac 2021).

**Biologische Wertigkeit**

Was zum einen bei den Insekten eine wichtige Rolle spielt, sollte auch bei Lebensmittelneophobie (bezeichnet die Ablehnung

unbekannter Lebensmittel) beachtet werden. Durch eine gezielte Kombination von Lebensmitteln mit einem bestimmten Aminosäureprofil beziehungsweise limitierenden Aminosäuren kann die biologische Wertigkeit, also wie effizient das enthaltene Eiweiß in den Körper eingebaut werden kann, erhöht werden. So zeichnet sich die Kombination von Kartoffel und Ei oder auch Getreide gepaart mit Hülsenfrüchten durch eine höhere biologische Wertigkeit aus als die isolierte Aufnahme – Qualität statt Quantität.

Innovationen

Es wird spannend bleiben, denn es gibt unzählige weitere Entwicklungen, die wir mit Interesse beobachten dürfen. Darunter sind bereits etablierte Projekte und neue – manche werden sich halten oder verändern und andere sind vielleicht nur Modeerscheinungen. Es gibt beispielsweise Ansätze im Bereich Vertical Farming, Urban Gardening & Farming, Selbsterzeugerinnen und -erzeuger, Crowdbutchering, Solidarische Landwirtschaft, ökologische Optimierung der Verpackungsstoffe, intelligente Etiketten, Robotic in der Küche, Algen in der menschlichen Ernährung, Fleisch aus der Petrischale, Lebensmittel aus dem 3D-Drucker – und selbst diese Liste ist noch lange nicht vollständig. Wer weiß, welche weiteren Innovationen in den nächsten Jahren noch aufkommen werden.

Lassen Sie uns daher gespannt, erfinderisch und experimentierfreudig sein!

## Ernährung ist umgebend

Die Prävalenz des Übergewichts der deutschen Bevölkerung ist alarmierend und auch die Zunahme des kindlichen Übergewichts steht dem in nichts nach. Immer mehr Rufe werden laut, die Prävention weiter zu denken, als den Einzelpersonen die Verantwortung zuzuschreiben und damit die Stigmatisierung zu verstärken. Verhältnisprävention sollte als Setting-Ansatz auf Ebene der Lebenswelten stärker betrieben werden. Die Ernährungsbildung kann hier einen wichtigen Grundstein legen. Es werden zunehmend Forderungen laut, Ernährung als Schulfach anzubieten. Auch das Konzept des Nudgings – im Sinne von „Make the healthy choice the easy choice" – erfreut sich größter Beliebtheit. Das können ganz kleine, niederschwellige Ansätze sein: Gesüßte Getränke befinden sich in der Kantine hinter blickdichtem Milchglas und werden dadurch weniger wahrgenommen, der Obstkorb wird auf Augenhöhe platziert und erscheint dadurch attraktiver, die klassische Beilage in der Ausgabe ist Gemüse und erst auf Wunsch kann Frittiertes verlangt werden – die Ideen sind vielfältig! Am Ende ist es nun doch so, dass Ernährung einen wesentlichen Anteil zur Gesundheit beitragen kann, wenn wir ihr die Chance geben und entsprechende Entscheidungen treffen. Das soll nun nicht zu restriktiv klingen, denn eine abwechslungsreiche Ernährung macht Spaß!

**Ernährungsbildung und niederschwellige Angebote**

## Ernährung ist bewusst, vielfältig und wertschätzend

Wir dürfen uns ins Bewusstsein rufen, dass wir mit unserem Einkaufskorb sprichwörtlich Politik machen – wir setzen jetzt die Trends der Zukunft. Jede Kaufentscheidung, die wir treffen, entscheidet darüber, was sich durchsetzt. Hier spielt uns die kognitive Dissonanz in die Karten – Wasser predigen und Wein trinken. Das heißt, unsere Überzeugungen und Werte widersprechen unseren Handlungen, zum Beispiel: Wir sind überzeugt von Bio-Produkten und fair gehandelter Ware und kaufen am Ende doch ein anderes Produkt. Wir wissen genau, was gut für uns wäre und was wir einkaufen müssten, damit wir auch den Planeten gesund erhalten könnten (Auswahl der Lebensmittel, weniger Lebensmittelverschwendung, mehr regional und saisonal einkaufen), doch wir treffen (gewohnheitsmäßig) andere Entscheidungen.

**Abstimmung mit den Füßen**

Natürlich haben wir ein Recht auf Unvernunft – wir treffen eigene und individuelle Entscheidungen, die jedoch weitreichende Folgen haben könnten. Wir dürfen begreifen, dass wir nur eine Erde haben – manche landwirtschaftlichen Betriebe sprechen von einer „enkelfreundlichen" Kultur – Nachhaltigkeit, gedacht in allen drei Dimensionen (sozial, ökonomisch und ökologisch). Lassen Sie uns diese Verbundenheit leben! Lassen Sie uns unser Essen erleben, lassen Sie uns die Vielfalt auf den Tellern ausleben, uns Zeit nehmen für die Zubereitung und die Nahrungsaufnahme – wie oft essen wir rastlos im Gehen, nebenbei am Schreibtisch und nehmen den Geschmack gar nicht mehr richtig wahr. Eventuell verpassen wir damit auch den Moment, wenn wir eigentlich satt sind, und verspüren schneller wieder Hunger. Geben wir unserem Körper wieder die Chance, sich mitzuteilen, und lassen Sie uns aufmerksam sein, dass wir diese Signale wieder hören können. Lassen Sie uns die Lebensmittel, unser Essen und unsere Ernährung wieder wertschätzen!

**Sozial, ökonomisch, ökologisch**

Und vor allem sollte Ernährung eines sein: *lecker!*[1]

1 Disclaimer: Dieser Text erhebt keinen Anspruch auf Vollständigkeit und stellt die Sichtweise der Autorin dar.

Die Zukunft soll man nicht voraussehen wollen, sondern möglich machen.
Antoine de Saint-Exupéry

*Rebecca Dörner*,
Ernährungswissenschaftlerin (Uni Hohenheim und Bonn), promoviert derzeit an der Christian-Albrechts-Universität zu Kiel. Sie ist fasziniert von den komplexen Zusammenhängen im Bereich der Ernährung. In ihrer Freizeit treibt sie am liebsten Sport oder motiviert als Fitnesstrainerin andere zu mehr Bewegung an der frischen Luft.

# 3 Mediennutzung 2030
*Birgit Mueller*

Das Thema Mediennutzung ist vielschichtig und spannende Entwicklungen sind zu erwarten. An dieser Stelle werden drei Aspekte durchleuchtet: zum einen die soziodemografische Komponente, zum anderen die technisch-ökonomische Nutzung und last, but not least die Empfehlung für die Food-Branche.

## Soziodemografie

Jede Generation ist geprägt durch ihr bevorzugtes Mediennutzungsverhalten, gekoppelt mit ihrem Zeitbudget und der Verfügbarkeit.

**Die verschiedenen Generationen**

Bezogen auf das Alter haben sich Klassifizierungen der Generationen etabliert. An der Spitze der Bevölkerungspyramide steht die Generation „Babyboomer". Die Babyboomer werden im Jahre 2030 65 Jahre oder älter sein. Gefolgt von der Generation X im Alterssegment 50 bis 64 Jahre. Die Generation Y macht das Segment 35 bis 49 Jahre aus. Die Generation Z liegt bei unter 35 Jahren. Generation Y und Z werden in der Fachpresse als Millennials zusammengefasst.

2030 wird der Anteil der Babyboomer die Struktur der Bevölkerung in Deutschland prägen. Zum Ende der Dekade wird fast jeder Vierte über 67 sein (Der Spiegel 1/2019). Es wird gut drei Millionen Rentner mehr geben als heute, die Zahl

der Pflegebedürftigen steigt um 600 000 auf 4,1 Millionen. Dieser Bevölkerungsanteil ist mit den „alten" Medien groß geworden und somit wird sich das Nutzungsverhalten zu den „neuen" Medien unterproportional entwickeln. Jedoch werden die Babyboomer sich den neuen Medien nicht verschließen, da die aktuelle Geschwindigkeit der Digitalisierung auch diese Bevölkerungsschicht erreicht hat.

**Babyboomer auch digital dabei**

Babyboomer und Generation X sind mit der Lean-Back-Nutzung des Fernsehers groß geworden. Das Medium wird auch in Zukunft für diese Bevölkerungsgruppe nichts an Attraktivität verlieren. Die Lean-Forward-Nutzung von Streaming-Diensten wird lediglich additiv sein (abhängig vom Einkommen). Rundfunkmedien haben ebenfalls eine hohe Bedeutung. Dieses Medium wird im Haushalt und im Auto klassisch genutzt – als Entertainment- und Nachrichtenmedium (u. a. Wetter und Verkehr). Bedingt durch den Individualverkehr „Auto" in dieser Altersgruppe rückt auch OOH (Plakate, Big Screens) verstärkt in den Fokus der

Aufmerksamkeit. Bei den Printmedien wird deren Nutzung nach wie vor – sollte das Angebot bestehen – einen signifikanten Stellenwert einnehmen, aufgrund gelernter Nutzungsmuster. Allerdings ist zu erwarten, dass die Nutzungsintensität aufgrund anderer Optionen (Digital) runtergehen wird. Search wird eine deutlich wichtigere Rolle als bislang einnehmen, insbesondere vor dem Hintergrund „Dr. Google". Auch bei dieser Generationsschicht wird Mobile das neue omnipräsente Medium werden. Hier fällt einem insbesondere das Thema Mobile Apps ein, zum Beispiel zum Thema Online-Banking, Corona-App, Online-Apotheken-Bestellung, Buchung öffentlicher Verkehrsmittel.

Je jünger die Generationen jedoch werden – Millennials (Generation Y und Z) – desto höher und selbstverständlicher die Nutzung der Digitalen Medien, zur Nachrichtengewinnung, aber auch um selbst Content zu kreieren. Mobile wird in diesem Zusammenhang einen Siegeszug antreten. Insbesondere der Umgang mit den sozialen Netzwerken ist ausgeprägt, auch eine Facette, mit der die Generationen groß geworden sind und die sie weiterhin nutzen werden. Das geht auch einher mit der größeren Bereitschaft, private Daten/Informationen preiszugeben. Die Relevanz von TV wird bleiben, bezogen auf Entertainment und Großereignisse. Printmedien werden eher im fachlichen Bereich oder nur noch auf kleinem Niveau im Special-Interest-Bereich genutzt. Radio wird bei den jüngeren Generationen durch Streaming-Dienste wie zum Beispiel Spotify ersetzt werden. Die Konzeptionen von autofreien Innenstädten forcieren den Gebrauch alternativer Verkehrsmittel. Dadurch steigt die Nutzung an öffentlichen Verkehrsstationen (hinterleuchtete City-Light-Poster/-Säulen).

**Digitale Mediennutzung wird selbstverständlicher**

Die bekannten Medien müssen sich gegen einen weiteren Player – Videospiele – behaupten, der 2020 durch die Pandemie deutlich an Relevanz gewonnen hat. „Gamer verbringen seit und wegen der Corona-Krise 30 Prozent mehr Zeit mit Videospielen als vor der Pandemie und geben monatlich 39 Prozent mehr Geld für Videospiele aus" (Simon-Kucher & Partners). Es ist davon auszugehen, dass die Bedeutung der Gamerszene sich nicht zurückdrehen und bis 2030 auch weiterhin wachsen wird. Damit wird sich das Zeitbudget zwischen den Kommunikationsangeboten signifikant verschieben.

**Gaming als neuer Player**

## Technisch-ökonomisch

In den letzten 15 Monaten hat die Digitalisierung coronabedingt einen dramatischen Aufschwung bekommen. Die Bedeutung von Digital ist weiter gewachsen und die Notwendigkeit eines schnellen Internets ist umso klarer geworden.

Die Novelle des Telekommunikationsgesetzes, welches ein gesetzliches Recht auf schnelles Internet festlegt (22.04.2021), unterstützt diese Notwendigkeit. Auch der Ausbau des 5G-Netzes schreitet voran. Mitte der Dekade 2020 bis 2030 werden 55 Prozent der Westeuropäer einen 5G-Handyvertrag besitzen, prognostiziert der Mobilfunkriese Ericsson. (Der Spiegel 1/2019). Das führt dazu, dass Mobile in Zukunft die zentrale Steuereinheit wird, begleitet von Wearables – bietet Apps zu Infotainment, Search, Social, Payment, Online-Banking, Ausweisfunktion, Health usw.

**Mobile und Wearables werden zentral**

Bezogen auf die digitale Nutzung wird jedoch die Simplifizierung ein Trigger werden. Je einfacher die Anwendungen über Internet oder App, desto eher die Akzeptanz und der selbstverständliche Gebrauch über alle Generationen hinweg. Die Sprachsteuerung wird eine zentrale Erleichterung des Alltags und eine Reduktion der Hemmschwelle werden.

Die fortschreitende Digitalisierung führt dazu, dass ein noch stärkerer Anteil eigens produzierten Contents ins Internet geladen wird. Dieser Content steht im Wettbewerb zu den klassischen Medienangeboten, das heißt zum Beispiel Youtube vs. TV-Programm. In diesem Kontext haben sich die sogenannten Influencer etabliert, die sich mittlerweile auch auf andere Mediengattungen ausweiten. Das ist die moderne Form der Meinungsbildner beziehungsweise Word of Mouth. Es ist jetzt schon abzusehen, dass dieses Szenario von den großen Playern, unter anderem Google, orchestriert werden wird.

**Bedeutung der Influencer**

## Empfehlungen für die Food-Branche

TV bleibt weiterhin das führende Medium für die Massenansprache bei Awareness. Auch wenn unterschiedliche Generationen das Medium in unterschiedlicher „technischer" Form nutzen, so bleibt der Stellenwert von TV unbestritten. Die Reichweite von TV wird von keinem anderen Medium übertroffen.

**TV bleibt**

Sollte es zurzeit noch die Ausnahme sein, so werden in absehbarer Zeit die TV-Kampagnen mit SEA/SEO-Kampagnen verlinkt sein. Die Landing-Pages der Unternehmen müssen darauf ausgerichtet sein, größeren Traffic aufgrund der TV-Aktivitäten aufzunehmen. Es ist interessant, dass viele Unternehmen die Verbindung zwischen den Medien noch nicht umgesetzt haben. Diese Erkenntnis sollte sich hoffentlich in den nächsten Jahren durchsetzen.

Es ist nicht nur, dass man in Massenmedien vertreten sein muss, sondern auch in den Medien, die die Massen bewegen. Durch die Generationsvielfalt und die sich daraus ergebende Medienfragmentierung ist diese Aufgabe extrem vielfältig. Insbesondere durch das Tempo der Digitalisierung ergeben sich für die Marken immer mehr Möglichkeiten, im Look und Feel auf den neuen Plattformen präsent zu sein.

**Medienfragmentierung**

Es sollte für eine Generation, die es gewohnt ist, eigenen Content herzustellen, einfach sein, andere Konsumenten positiv zu beeinflussen, zum Beispiel durch einen eigenen Kanal. Dieses gilt es authentisch zu aktivieren. Diese Authentizität muss auch bei einem Einsatz von Influencern sichergestellt sein. Idealerweise wird der Influencer markenspezifisch kreiert und ist nicht austauschbar gegen andere Wettbewerber.

Die Königsdisziplin für 2030 wird Mobile sein. Durch die steigende Bedeutung von Mobile führt kein Weg daran vorbei, dass die Konzerne ihre Kommunikationsmaßnahmen zukünftig auf dieses Medium konzentrieren (z. B. Händler-Aktionen, Rezeptlisten, Preisvergleiche, Inhalts-

**Im Fokus: Mobile**

stoffe usw.). Die Präsenz auf der ersten Seite des Mobile ist vergleichbar mit dem Empfehlungsmarketing eines Freundes (WoM).

Die Synchronisierung der Maßnahmen TV, Search, Mobile ist notwendig. Allerdings sind weiterhin wachsende Kommunikationsangebote wie beispielsweise Gaming nicht aus den Augen zu verlieren. Das sind allerdings individualisierte Aspekte, die mit der allgemeinen Medienbetrachtung für die Food-Branche nur am Rande mitlaufen.

*Birgit Mueller*, Jahrgang 1964, studierte ab 1981 Business Administration mit Schwerpunkt Marketing an der University of Vermont (USA), Abschluss magna cum laude. Die beruflichen Stationen ab 1984 umfassten Procter & Gamble als Product Manager, HMS Media Services (jetzt Dentsu) und Universal McCann als Kundenberaterin bis 2002. Diese Beratungsfunktionen umfassten unter anderem die Kunden Ferrero, Bel, Bongrain und Eckes-Granini. Weitere Stationen im Dentsu Network waren die Leitung der Abteilung Elektronische Medien sowie Planung & Einkauf aller Medien für alle Dentsu-Kunden. Aktuell arbeitet Birgit Mueller für die Healthcare Division der Dentsu – MW Office – in der Kundenberatung und im Investment Management.

TEIL V

# NEW FOOD MARKETING:

## 12 LEUCHTFEUER FÜR ERFOLGREICHES FOOD MARKETING IM KOMMENDEN JAHRZEHNT

Die goldene Währung im Food Marketing ist das Vertrauen der Menschen in die Qualität, den Geschmack und die Sicherheit der angebotenen Produkte. In der zweiten Hälfte des vergangenen Jahrhunderts wurde dieses Vertrauen in die Marke durch hohe Bekanntheit, gleichbleibende Qualität und breite Verfügbarkeit erzielt. Außerdem standen Marken für Innovation und sichere Produkte. Das Food Marketing war fokussiert auf klassische Kommunikation (insbesondere TV & Print) und die Durchsetzung der Distribution im stationären Lebensmittelhandel.

**Vertrauen**

---

Seit Beginn des 21. Jahrhunderts ist es weitaus schwieriger, das Vertrauen der Menschen in die eigenen Produkte oder Dienstleistungen zu gewinnen und auf Dauer zu halten.

---

Vertrauen wird jetzt breiter definiert, auch für Lebensmittel. Marken und Unternehmen müssen Verantwortung für ihr grundsätzliches Handeln übernehmen. Transparent und schnell. Vertrauen gewinnt man nicht mehr nur durch oberflächliche Sichtbarkeit und Präsenz, sondern durch Haltung, mehr Personalisierung durch Produkte, Kommunikation und Service sowie durch eine idealerweise langfristige Partnerschaft.

Es geht also nicht mehr nur um eine möglichst hohe Bekanntheit, sondern um eine hohe Bedeutung und Sympathie für meine Marke und ihre Produkte und Services. Die Gesellschaft für Konsumforschung (GfK) spricht in diesem Zusammenhang von Marken mit Purpose, das heißt sozialer Relevanz. Demgegenüber stehen funktionale Marken, die tendenziell einen Grundnutzen zu einem niedrigeren Preis anbieten.

**Marken mit Purpose**

Wäre ich in den kommenden zehn Jahren für das Marketing von Lebensmitteln zuständig, würde ich mich an bestimmten Eckpfeilern orientieren. Diese habe ich „Leuchtfeuer“ genannt und möchte sie im Folgenden beschreiben.

# 1 Haltung und Purpose

Eine klare Haltung und der für ein Unternehmen definierte Purpose stehen am Anfang! Jeder im und außerhalb des Unternehmens sollte wissen, wofür es steht. Der Purpose muss im Mittelpunkt aller Überlegungen und Handlungen stehen, von den Zielen über die Strategie bis zu den einzelnen Aktivitäten.

Professor Dr. Franz-Rudolf Esch hat das in seinem Beitrag zu „Purpose & Marke“ im Mai 2021 (ESCH. The Brand Consultants) folgendermaßen beschrieben: „Die Kette lautet: Unternehmenspurpose = Markenpurpose = Markenpositionierung = Markenversprechen an Kunden.“ Und weiter: „Der Purpose der Corporate Brand grenzt somit das Spielfeld für Produkte und Marken ab, er ist aber noch lange nicht für jedes Produkt und jede Marke kaufrelevant.“ Im Alltag sind das Produktleistungs- oder das Markenversprechen häufig kaufentscheidend, ohne dass der Kunde den Purpose des Unternehmens vordergründig wahrnimmt. Allerdings müssen diese (Einzel-) Leistungen in den übergeordneten Purpose des Unternehmens einzahlen.

**Definition**

Die Qualität der gesamten Lieferkette muss sich daran ausrichten. Marken können damit ihre soziale Relevanz und Verantwortung nachweisen. Alle Mitarbeiter sollten den Purpose des Unternehmens kennen und leben, sodass sie die ersten aktiven Botschafter (Employee Branding) darstellen. Jeder Marketing-Plan muss beinhalten, wie er die Bekanntheit und den Nutzen des Purpose für Kunden und Gesellschaft fördert.

# 2 Das Jahrzehnt der Wahrheit

Wir haben ein Jahrzehnt vor uns, in dem die Unwahrheit deutlich härter verachtet wird, als dies im letzten der Fall war. Auf Wissenschaft und Fakten wird verstärkt gehört. Fake News und Verschwörungstheorien werden schneller deutlich gemacht und widerlegt. Dem Internet als Freiraum für kriminelle Behauptungen werden regulative Grenzen gesetzt, die „alte, übliche, oft unverbindliche" Politikersprache ist verpönt. Greenwashing und werbliche Übertreibungen bis hin zur Irreführung werden von den Kunden mehrheitlich abgelehnt und durch Kaufverweigerung abgestraft.

Transparenz und Klarheit werden vermehrt wertgeschätzt. Klingt sehr optimistisch, wird aber nach meiner Einschätzung so kommen. Für die Marketers bedeutet das, dass nach dem Jahrzehnt der Erreichbarkeit und der Versprechungen nun das Jahrzehnt der Wahrheit und Nachhaltigkeit auf uns zukommt. Werbung und Storytelling werden wichtig bleiben, aber auf Basis von „Reliable Content". „True Storytelling" wird Marken und Unternehmen aufwerten.

**Transparenz**

Verpackungsgestaltung und -angaben von Lebensmitteln sowie Werbeversprechen müssen korrekter werden. Übertreibungen und Irreführung werden sich nicht durchsetzen.„Walk the Talk" (Purpose) wird wieder in den Mittelpunkt rücken und die Glaubwürdigkeit von Marken und Unternehmen bestimmen.

**Walk the Talk**

Schon heute deutet sich dieser Sinneswandel an. Influencer und Autoren mit einfacher und faktenbasierter Sprache haben großen Erfolg. So ist beispielsweise das Youtube-Format von Mai Thi Nguyen-Kim (Wissenschaftlerin und Wissenschaftsjournalistin) mit einer wachsenden Zahl von Followern auffällig. Ihr Buch *Die kleinste gemeinsame Wirklichkeit* wurde zum Bestseller.

Unsere Gesellschaft dürstet es nach Wahrheit und Fakten, nach Durchblick im Dschungel des „Information Overloads", nach einfacher Sprache und vertrauenswürdigen Absendern.

# 3 Wachstumschancen

Genuss, Convenience und Gesundheit waren die Wachstumstreiber in der Food-Branche in den vergangenen zwei Jahrzehnten. Nahezu alle Food-Innovationen konnte man einem oder mehreren dieser Trends zuordnen. Im kommenden Jahrzehnt wird „Nachhaltigkeit“ dazu kommen. **Nachhaltigkeit**

Was schon begonnen hat, wird sich noch deutlich verstärken, und kaum ein neues Lebensmittel wird nicht den Nachweis mitbringen müssen, einen positiven Beitrag im Sinne der Nachhaltigkeit zu leisten.

Eine gesunde und geschmackvolle Ernährung, die den Convenience-Erwartungen des modernen Lebensstils gerecht wird und weder der Umwelt noch den am Herstellungsprozess beteiligten Menschen schadet, wird die Richtschnur für Food-Innovationen sein. Jede neue Produkt- oder Service-Idee, die diese Vorgabe erfüllt, wird Erfolgschancen haben.

Food-Trends

Spezifischere Chancen bieten natürlich auch die in diesem Buch näher ausgeführten Food-Trends. Darüber hinaus gibt es weiterführenden Input von Trendspezialisten, die auch Orientierung und Inspiration bieten. Als Beispiel sei hier der jährlich erscheinende *Food Report* von Hanni Rützler genannt (Zukunftsinstitut GmbH in Zusammenarbeit mit der Lebensmittel Zeitung, foodservice und gv-praxis).

# 4 Personalisierte Angebote

Die Personalisierung von Produkten, Services und Kommunikation wird weiter voranschreiten und 2030 breit zur Verfügung stehen. Die technischen Voraussetzungen werden bei Herstellung, Verpackung und Vertrieb deutlich besser sein. Algorithmen steuern die Bedarfserfassung und Angebotsspezifizierung, KI hilft bei der Verbesserung und Personalisierung von Produkten, Services und der Kommunikation. Chatbots informieren und beraten den Kunden individuell – auch im direkten Gespräch. Für Ernährungsthemen und Produktinformationen wichtige Verbesserungen im Kommunikations-Pool der Marketers. Audio Activation und Coaching werden Standard sein.

**Technische Unterstützung**

Wearables und insbesondere Smartphones werden in den kommenden Jahren den Großteil der Bevölkerung 24/7 „online" halten und das wichtigste Kommunikations-Tool darstellen. Deshalb gilt für die individualisierte Kommunikation „Mobile first". Und für Marketers der Grundsatz: Mobile first, fast & fascinating!

Wichtig in diesem Kontext ist auch die Vernetzung der Kommunikation mit dem Kunden über alle Touch Points in Realtime. Dies ist heute noch ein klarer Schwachpunkt vieler Marken und Unternehmen und führt nicht selten zu Enttäuschungen und Frustration beim Kunden. Was gibt es Ärgerlicheres für einen Kunden, der ein persönliches, individualisiertes Angebot per Mail bekommt und beim unmittelbar danach erfolgenden Anruf beim Anbieter wie ein fremder Erstkunde behandelt wird?!

**Kommunikation abstimmen**

An Daten wird es trotz der Begrenzungen durch den Datenschutz in Deutschland nicht fehlen, aber auch mit der Hilfe von KI ist Vorsicht geboten. Erstens bleibt es auch in Zukunft in der Verantwortung der Menschen, die Marken und Unternehmen steuern, aus den gewonnenen Daten die richtigen Schlüsse und Aktivitäten zum Nutzen der Kunden zu ziehen, und zweitens sollte nicht alles, was technisch möglich ist, auch kritiklos ausgereizt werden. Hightech sollte dazu dienen, Kunden besser zu verstehen und gezielt zu beraten, und nicht zu einer penetranten Belästigung führen: Relevanz statt Penetranz!

**Relevanz statt Penetranz**

# 5 Keep it simple!

Der Mensch ist schon heute einem Überangebot an Informationen ausgesetzt, die das Gehirn täglich wahrnehmen und verarbeiten muss. Die Digitalisierung und der stundenlange Empfang von Botschaften durch die diversen Medien werden in den kommenden Jahren noch zu einer Steigerung dieser Komplexität beitragen. Für den Einzelnen ist die Verarbeitung dieser Informationen kraft- und zeitraubend und stressig. Wir leiden vermehrt an diesem Information-Overload.

Für uns Marketers bedeutet das, kurze und prägnante, einfache und relevante sowie emotional packende Botschaften in der Kommunikation einzusetzen. Dies gilt auch für das Verpackungsdesign. „Minimize to the max" gilt es zu beachten. Das wichtigste in der Flut der Informationen, die auf den Kunden einstürzt, ist es, positiv aufzufallen und ihn zum „Anhalten" zu bewegen. Dann ist der erste Schritt erfolgreich bewältigt. Kreation und Texter sind hier ebenso wie die Medienberater gefordert, am richtigen Touch Point zum richtigen Zeitpunkt einen Treffer zu landen.

**Minimize to the max**

---

Ein ehemaliger schottischer Kollege von mir hat es mal so formuliert:
„Your message must be cutty, clear and crispy!"
Auf gut Deutsch: kurz, klar und knackig!

---

# 6 Multi-Channel-Service

Multi-Channel-Strategien können sich auf die Verkaufskanäle wie auf die Kommunikation beziehen, je nachdem wie ihr Lebensmittelangebot positioniert ist.

Die zunehmende Anzahl an Social-Media-Plattformen und die Transformation von zunächst reinen Kommunikationsnetzwerken hin zu aktiven Verkaufskanälen erhöht die Komplexität auch bei der Vermarktung von Lebensmitteln. Sind sie Spezialanbieter, verfolgen sie möglicherweise zur Erreichung ihrer Kunden logistisch nur eine Single-Channel-Strategy (beispielsweise exotische Würzmittel via Internet). Da sie auch nur über das Internet werben (und die Nutzung der Social-Media-Plattformen ihrer Kunden gut kennen) und man bei ihnen direkt bestellen und bezahlen kann, ist die Komplexität dieser Aufgabe überschaubar.

**Spezialanbieter**

Für Markenanbieter, die überwiegend national (ubiquitär) agieren, wird die Aufgabe schon komplexer. Es gibt einige logistische Herausforderungen in Bezug auf Transport- und Endverbraucherverpackung je nach Channel (diverse stationäre Geschäftstypen im LEH und diverse Angebotsformen im E-Commerce/Home Delivery), und auch die Vielfalt an Medienkontakten ihrer vermutlich breiteren Kundengruppe muss gut gemanagt werden.

**Markenanbieter**

Große Marken kommen daher also nicht um eine Multiplattform-Strategie herum. Der richtige Mix aus Owned Content, Paid Social bis hin zu Influencer Marketing muss erst einmal gefunden werden – um anschließend die Performance am Touch Point von Voice (Consumer Service, Podcasts) über Text und Bild bis zum Bewegtbild (TV-Spot, GIF, Short Video) mithilfe von Mediaspezialisten so wirkungsvoll wie möglich zu gestalten.

Das Food Marketing muss gemeinsam mit den Verkaufs- und Logistikkollegen den richtigen „Path to Purchase“ festlegen und mit einer klaren Positionierung Orientierung schaffen. Das neue Jahrzehnt wird einen Überfluss an Optionen bieten. Der Anreiz, neue Absatzchancen zu ergreifen, wird riesengroß sein. Nie gab es mehr Möglichkeiten, um mit den Kunden zu kommunizieren und ihnen auf unterschiedlichsten Wegen Lebensmittel anzubieten. Gut für uns Kunden, schwierig für uns Marketers.

**Path to Purchase**

Um erfolgreich – also auch profitabel – zu sein, müssen Unternehmen eine stringente Strategie entwickeln, die für das eigene Angebot den bestmöglichen Weg durch die vorhandenen Kommunikations- und Vermarktungsoptionen hin zum relevanten Kunden sucht. Der Purpose des Unternehmens und die Positionierung der Marke beziehungsweise des Angebotes sind hierbei die Wegweiser. Alles andere muss sich dem anpassen.

Wie die Vertriebsstrategie muss auch die Kommunikationsstrategie effizient auf das Verhalten meiner Zielgruppe ausgerichtet werden. Nicht das Schießen aus allen möglichen Kanonen erreicht das beste (Verkaufs-)Ergebnis, sondern ein überlegtes und gezieltes Agieren.

---

Wer auch im Jahr 2030 Geld verdienen will, muss dann noch konsequenter als heute auf eine klare Positionierung, eine verbindliche Umsetzungsstrategie und effizientes Komplexitätsmanagement setzen.

---

# 7 Win with Packs

Im Jahr 2030 werden wir unsere Lebensmittel in sicheren und umweltfreundlichen Verpackungen einkaufen und nach Hause transportieren bzw. geliefert bekommen. Dies wird aufgrund der immensen Investitionen von Verpackungs-

firmen sowie Herstellern und Händlern zu Beginn des neuen Jahrzehnts erfolgen. Auch staatliche Gesetze zur Eindämmung von umweltfeindlichen Verpackungen und neue Recycling-Methoden werden dazu beitragen.

Die Anbieter und Vermarkter von Lebensmitteln verstehen es schon jetzt, dass umweltfreundliche Verpackungen nicht nur sinnvoll für unsere Umwelt sind, sondern gerade auch in der Übergangsphase ein Wettbewerbsvorteil sein können. Die Menschen, die Lebensmittel kaufen, sind mehr und mehr sensibilisiert, welchen Beitrag auch sie durch ihre Kaufentscheidung zur Be- oder Entlastung der Umwelt leisten. Umweltverträgliche Verpackungen werden also im Food Marketing zu einem „Muss", jedes neue Produkt oder jeder Service (man denke nur an Verpackungen im Home-Delivery- oder im To-go-Geschäft) müssen schnellstens optimiert werden.

**Umweltfreundlicher Wettbewerbsvorteil**

Bei dieser Entwicklung gilt es vor allem den ewigen Widerspruch bei Lebensmittelverpackungen aufzulösen: wenig und umweltfreundlich vs. Sicherheit und Haltbarkeit! Die Auflösung dieses Konfliktes ist die große Challenge und Chance für die Food-Branche und ein Beitrag zum Erfolg zukünftiger Innovationen.

# 8 Jede Kalorie zählt

Da die deutsche Bevölkerung nicht wächst, wird der Kuchen für das Food Business bis 2030 nicht größer. Der Wettbewerb um die einzelne Kalorie aber schon. Es geht also für die diversen Player um einen stabilen oder besser wachsenden Anteil am „Share of Stomach“. Dies kann man quantitativ oder qualitativ anstreben.

Wie schon im gesellschaftlichen und wirtschaftlichen Ausblick in Teil II beschrieben (ab Seite 43), erwarte ich in zehn Jahren neben den Menschen mit gutem Einkommen auch einen erheblichen Anteil unserer Bevölkerung, der auf jeden Euro beim Lebensmitteleinkauf schauen muss. Parallel dazu entwickelt sich der Anspruch nach gesünderer und nachhaltigerer Ernährung. Jedes Unternehmen muss nun für sich klar definieren, welchen Teil der Nachfrager man mit welchem Angebot erreichen will. Die rechtzeitige Positionierung und konsequente Umsetzung sind Pflicht, um erfolgreich zu sein.

**Die richtige Positionierung**

Tendenziell wird der Preis pro Kalorie steigen und so wird bis auf den Teilmarkt mit Premium Food ein erbitterter Kampf um die Kalorien des Massenmarktes entstehen. Ein Verteilungskampf, der von der Industrie mit Innovationen und Werbung und vom Handel mit Preis und Service befeuert werden wird. Eigentlich alles wie heute schon, nur mit neuen digitalen Strukturen in Entwicklung, Vertrieb und Kommunikation.

# 9 Kompetenz als Teamleistung

Mit den Voraussetzungen, um heute und in Zukunft erfolgreich im Marketing zu arbeiten, habe ich mich ja schon in meinem ersten Buch näher beschäftigt. Wie wichtig Diversity im Team ist, ist wohl mittlerweile jedem klar. Zudem müssen das Arbeitsklima offen, die Entscheidungswege transparent und der Freiraum für jeden Einzelnen, sich an seinem Arbeitsplatz zu entfalten, gegeben sein. Ein ausgeprägtes Gemeinschaftsgefühl, ein zielgerichteter Team Spirit führen zu guten Ergebnissen. Dabei hilft, wenn alle Mitarbeiter an den Purpose des Unternehmens glauben und ihn leidenschaftlich verfolgen.

**Diversity**

Gerade im Marketing hat man großen Einfluss darauf, wie die Leistung und das Engagement des Unternehmens außerhalb, aber auch innerhalb wahrgenommen werden. Jeder einzelne Marketing-Mitarbeiter sollte sich deshalb als Purpose-Botschafter von Unternehmen und Marke verstehen und es vorleben.

Networking ist für ein erfolgreiches Arbeiten im Marketing Pflicht – und zwar intern wie extern. Im Team und im Unternehmen muss es enge Netzwerke mit kurzen Kommunikationswegen geben, die je nach Aufgabenstellung schnell und effizient genutzt werden können. So sollte das Marketing-Team für Produktgruppe A das Netzwerk der Kunden bis hin zu den Influencern im Web kennen und idealerweise ein Teil davon sein. Mut zum offenen Dialog und schnelles Lernen und Reagieren sind hier gefragt. Beide Seiten des „Teams“, Marketing und Kunden, optimieren somit das Angebot durch den kontinuierlichen schnellen Aus-

**Enge Netzwerke, kurze Kommunikationswege**

tausch ihres Wissens. Diese Kommunikation sollte respektvoll und auf Augenhöhe erfolgen, nur dann kann sie langfristig gut funktionieren.

Neben der fachlichen Kompetenz der Marketing-Mitarbeiter habe ich immer Wert auf persönliche Eigenschaften gelegt, die für den Erfolg des Teams ebenso wichtig sind. Der Mensch, der unser Team verstärken soll, sollte aufmerksam sich und anderen gegenüber sein, flexibel und belastbar sowie proaktiv und neugierig. Ich habe das für mich den „Triple-A-Check" genannt: Achtsam, Agil & Aktiv. Diese Persönlichkeitsmerkmale erfährt man im Übrigen am besten im persönlichen Gespräch, live und Face-to-Face. Der Blick nur in die Files oder Facetime reicht dazu oft nicht aus.

**Triple-A-Check**

Achtsam, Agil, Aktiv.
Eigenschaften, die beste Voraussetzungen schaffen, um ein Winning Team zum Ausschöpfen und ständigen Optimieren seiner Leistung zu führen.

Da Moral und Ethik unseres Handelns auch im Marketing eine immer höhere Bedeutung bekommen, würde ich in meinem Team auch für die nötige Kompetenz in Wirtschaftsethik und Soziologie sorgen. Ich denke, dass diese Aspekte zukünftig fester Bestandteil von Studium und Ausbildung in den Wirtschaftswissenschaften werden.

**Wirtschaftsethik und Soziologie**

Beachtet man all diese Eigenschaften, kreiert man aus meiner Sicht ein Winning Team, das sich permanent weiterentwickelt und seine Leistungen optimiert. Der Purpose des Unternehmens und der Marke wird dadurch sichtbarer und faszinierender. Und das ist auch die beste Werbung für neue Talente („War for Talents").

# 10 Die Marke als Partner und Influencer

Die Kundenzentrierung ist heute schon Mittelpunkt vieler Marketingpläne. Allerdings wird das von vielen Kunden so nicht empfunden. Kunden werden im Marketing überwiegend als anonyme Daten in IT-Auswertungen, Mediaanalysen oder Marktforschungstabellen behandelt.

Das kommende Jahrzehnt bietet die Chance, dem Kunden näherzukommen als jemals zuvor. Die Digitalisierung erlaubt individuelle Kontakte und Angebote, unmittelbares Feedback und eine sinnvolle Interaktion für beide Seiten. Top-Kunden werden wie in einem offenen Beirat mit Marketingmitarbeitern vernetzt sein und in ihren Netzwerken darüber berichten. Es wird eine neue transparente Kultur des Miteinanders geben: von „Wer sind die?" zu mehr Empathie, von indirekter Information zu direkter Interaktion.

**Transparente Kultur des Miteinanders**

Suchen Sie also den Kontakt zu Ihren besten Kunden. Nutzen Sie das Feedback, motivieren Sie durch regelmäßigen Kontakt und Einbindung. Machen Sie aus Kunden Partner und „Brand Lovers", die im besten Fall als Botschafter (Influencer) für Ihre Produkte und Marke werben.

Der daraus entstehende Content kann für kundeninitiierte Werbespots, für Pics, Podcasts bis hin zu Produkt- und Serviceverbesserungen sorgen.

# 11 Nach der Krise ist vor der Krise

Eines ist sicher: Das kommende Jahrzehnt wird von großer Volatilität geprägt sein, die Transformation unserer Gesellschaft, aber auch weltweit, durch Digitalisierung und Klima- beziehungsweise Umweltschutz wird zum Game Changer.

Das Food Marketing muss sich auf kurzfristigere Produkt- und Innovationszyklen einstellen. Ausruhen auf Erfolgen ist der Beginn der Niederlage. Im Prinzip befindet man sich im permanenten Krisenmodus. Der Wettbewerb wird kurzfristig auf eigene Erfolge reagieren. Im engen deutschen Lebensmittelmarkt, der wie beschrieben quantitativ nicht mehr wächst, werden die Anbieter auf jede erkennbare Wachstumsquelle reagieren.

**Permanenter Krisenmodus**

Gerade im Food Business wird es einen intensiven Wettbewerb geben, da bekanntlich dieser Markt jeden Tag neu erobert werden will. Millionen von Kunden fragen sich Tag für Tag: „Was esse ich denn heute?" „Worauf habe ich Lust?" „Was tut mir gut?" „Was kann ich mir leisten?"

Marktanteile können sich hier schnell verschieben. Durch die Digitalisierung wird der Markt stetig transparenter und die Vielfalt der Touch Points mit Bezugsquellen für Lebensmittelangebote nimmt noch zu (siehe hierzu auch 6. *Multi-Channel-Service* ab Seite 164).

Das Food Marketing muss deshalb zukünftig einen exzellenten Überblick über Kundenwünsche, Kunden- und Wettbewerberverhalten und Food Trends sicherstellen. Eine hohe Agilität und Flexibilität werden erforderlich.

**Agil und flexibel**

Auch Resilienz spielt eine zunehmende Rolle. Die Belastung von Einzelnen und Organisationen wird steigen. Krisen-Management fällt häufiger an, kurzfristiges Lernen wird Standard, Chancen müssen daraus schnellstens abgeleitet und ergriffen werden.

Change Management wird Alltag und im Marketing-Team muss es eine große Bereitschaft geben, sich schnell neuen Herausforderungen zu stellen, und die Lust, Hindernisse zu überwinden und Neues zu gestalten.

# 12 Gut essen, glücklich leben!

Nur ein kleiner Teil der deutschen Bevölkerung gibt an, sich emotionsfrei zu ernähren. Kraftstoff tanken, sozusagen. Für die große Mehrheit bedeutet Essen und Trinken Lust und Lebensfreude. Guter Geschmack führt zu guter, schlechter zu mieser Laune. Leckeres Essen erhöht die Lebensqualität!

Nur Lebensmittel, die schmecken, werden wieder gekauft. Der Erfolg kommt also über die Zunge. Allerdings ist das Geschmacksempfinden individuell und relativ. Immer mehr Lebensmittelangebote müssen auf die gesundheitlichen und umweltnotwendigen Erwartungen der Kunden eingehen. Ob zucker- oder salzreduziert, ob gluten- oder laktosefrei, ob vegan oder Fleischersatzprodukt – wenn es nicht schmeckt, ist die Akzeptanz gefährdet. Ziel muss es deshalb immer sein, auch in diesen speziellen Angebotssegmenten das kulinarisch überzeugendste Produkt anzubieten. Nur so kann langfristig die Wiederkaufrate hoch gehalten werden.

**Kulinarisch überzeugen**

Die Wahrheit und der Erfolg von Lebensmitteln liegen also auf der Zunge der Kunden. Degustationen und Geschmackstests mit Verbrauchern gehören deshalb auch zukünftig zu den Basics im Food Marketing! Egal in welchem Segment oder Markt Sie im Wettbewerb stehen, Ihr Produkt sollte immer einen signifikanten Vorsprung im direkten Geschmacksvergleich mit Ihrem Hauptwettbewerber erzielen. Dies ist der beste Garant für den Erfolg.

---

Diese Anmerkungen sind im Übrigen zeitlos. Guter Geschmack und das Genießen von Essen und Trinken werden immer ein wesentlicher Bestandteil der Lebensqualität sein.

---

Fazit: Auch 2030 werden wir gut essen und trinken, um gut zu leben. Lassen Sie uns alle daran arbeiten, um dies sicherzustellen.

# Danke!

Dieses Buch hatte eine außerordentlich lange Finalisierungsphase. Sollte das Manuskript doch schon im Juni 2020 fertig sein, kam es durch den Ausbruch der Corona-Pandemie kurz davor zum „Hold". Nach der ersten Einschätzung und Bewertung der Auswirkungen auf das Buchthema wurde Ende 2020, Anfang 2021 eine Aktualisierung in der jetzt vorliegenden Form erarbeitet. Dies hat von allen an der Entstehung des Buches Beteiligten außergewöhnlich viel Geduld, Vertrauen und Flexibilität gefordert. Dafür gilt generell mein erster Dank!

Besonders hervorheben möchte ich die Unterstützung durch meine Verfasser der Gastbeiträge. Bernd Lange, Rebecca Dörner und Birgit Mueller haben durch ihre kompetente Sicht nach vorne erheblich zur Bereicherung dieses Buches beigetragen. Vielen Dank dafür!

Dies gilt ebenso für Helena Binder, die in lebendiger Sprache die Zukunftserwartungen an unseren Ernährungsstil in diversen Zielgruppen und Alltagssituationen beschrieben hat. Herzlichen Dank für die sympathische und kreative Zusammenarbeit!

Neben Helena möchte ich auch Bodo Bimböse von der Agentur „markenzeichen" in diesem Kontext erwähnen. Bodo und ich kennen uns schon lange und vor etwa drei Jahren haben wir über eine mögliche Zusammenarbeit im Rahmen meines jetzt erschienenen Buches gesprochen. Hier ist es also nun und ich freue mich auf weitere Ideen für die Zukunft. Danke Bodo und dem markenzeichen-Team!

Dass ich auch mein zweites Fachbuch unter der Flagge des dfv herausbringe, hat natürlich etwas damit zu tun, dass ich bei der Finalisierung und Vermarktung meines ersten Buches sehr gute Erfahrungen gemacht habe. Insbesondere Caroline Schauwienold und Birga Andel vom dfv sind hier zu nennen. Ich danke euch beiden für die erneut kompetente und sympathische Betreuung und Unterstützung!

Aber auch das sonstige dfv-Team vom Lektorat über die Cover-Gestaltung bis hin zum Druck hat erheblich zum jetzt vorliegenden Ergebnis beigetragen. Vielen Dank!

Last, but not least möchte ich meiner Tochter Nina-Kathrin danken, die mir mit dem nötigen Marketing-Instinkt bei der Auswahl und dem letzten Finetuning der Umschlaggestaltung meines Buches hilfreich zur Seite stand.

Andreas Peters

im August 2021

# Über den Autor

Andreas Peters wurde in Frankfurt am Main geboren und ist der Stadt bis heute verbunden. Nach seinem Studium an der Frankfurter Johann Wolfgang Goethe-Universität begann der Diplom-Kaufmann 1985 als Trainee am hiesigen Standort des Traditionsunternehmens Nestlé, woraufhin es ihn zunächst in den Süden Bayerns zog, wo er einen Maggi-Verkaufsbezirk betreute. Danach durchlief er als Product Manager und Product Group Manager für kulinarische Nestlé-Produkte die klassische Marketing-Laufbahn, bevor er als nationaler Key Account Manager für die Großkunden Rewe und Edeka Verantwortung übernahm. Hier sammelte er wertvolle Erfahrungen, die ihm in seiner anschließenden Marketing-Laufbahn von großem Nutzen sein sollten, ganz nach dem Motto: Wer werben will, muss auch verkaufen können.

Weitere Stationen bei Nestlé Winiary in Polen oder im Eiscremegeschäft und diverse Projektverantwortlichkeiten trugen zu seinem umfassenden Verständnis des Food Business bei. Zuletzt hat er bei Nestlé als Corporate Brand Director unter anderem die Kampagne zum 200. Geburtstag von Heinrich Nestlé entwickelt und umgesetzt. So kann er heute auf über 20 Jahre Führungsverantwortung im Bereich Marketing & Sales beim größten Lebensmittelunternehmen der Welt zurückblicken.

Andreas Peters verantwortete unter anderem über zehn Jahre das Marketing für einige der bekanntesten und erfolgreichsten Food Brands Deutschlands, darunter Maggi, Thomy und Buitoni. Authentische Marken zum Anfassen sind ihm ein Anliegen: So hat er beispielsweise das Maggi Kochstudio näher an die Menschen gebracht und durch tausendfache persönliche Kontakte und Kochkurse des Maggi Kochstudio-Teams das Vertrauen in die Marke Maggi gestärkt. Mehr als zehn Kochbücher sind unter seiner Verantwortung erschienen; die Überführung des Maggi Kochstudio Clubs in die digitale Welt war ein weiterer wichtiger Servicebaustein im Customer Relationship Management.

Seine berufliche Karriere hat er 2018 als Corporate Brand Director für Nestlé in Deutschland abgeschlossen.

Ehrlich und handfest engagierte er sich auch über Jahre als Vorstandsmitglied in verschiedenen Lebensmittelverbänden und ist nach wie vor ein geschätzter Gesprächspartner in der Branche.

Mit *NEW FOOD MARKETING* bringt Andreas Peters jetzt sein zweites Fachbuch auf den Markt und steht aktuell jungen Unternehmen und Agenturen in Fragen des Food Business zur Seite.

Privat liebt der Autor gutes Essen, ab und zu eine kubanische Zigarre, skandinavische Krimis, die Matrix-Filme, Fußball und die Musik von Peter Gabriel und Genesis.

Sie haben Fragen oder Anregungen zum Buch?

Dann freuen wir uns über Ihre Nachricht: buchverlag@dfv.de

# Quellen

## TEIL I

Bundesministerium für Ernährung und Landwirtschaft (Hrsg.) (2021): Deutschland, wie es isst – der BMEL-Ernährungsreport 2021. Berlin. Online verfügbar unter: https://www.bmel.de/SharedDocs/Downloads/DE/Broschueren/ernaehrungsreport-2021.pdf (zuletzt geprüft: 05.08.21).

Diverse Statistiken des Statistischen Bundesamtes (www.destatis.de) und von Statista (de.statista.com)

Gode, Solveig; Weber, Amelie Marie (2019): Generation Z. In: *FOCUS 35/2019*, S. 22–27.

Hootsuite (2020): Digital 2020 Deutschland. München. Online verfügbar unter: https://wearesocial.com/de/digital-2020-deutschland (zuletzt geprüft: 05.08.21).

Nestlé Deutschland (Hrsg.) (2021): So klimafreundlich is(s)t Deutschland. Die Nestlé Studie „Klima und Ernährung“ 2021. Frankfurt am Main. Online verfügbar unter: https://www.nestle.de/unternehmen/publikationen/nestle-studie/klimastudie (zuletzt geprüft: 05.08.21).

Nestlé Zukunftsforum (Hrsg.) (2015): Wie is(s)t Deutschland 2030? Deutscher Fachverlag, Frankfurt am Main.

Rothmund Insights (Hrsg.) (2021): Nachhaltigkeit im Fokus – Motive, Verhaltensweisen und Wünsche der Verbraucher:innen. Köln.

Wiebking, Jennifer (2020): „Wir Irgendwie-Öko-Bewussten“, *Frankfurter Allgemeine Sonntagszeitung*, 18.11.2020.

## TEIL II

Ahrens, Sandra (2020): Umsatz mit Fleisch und Fleischalternativen weltweit bis 2040. Statista, 10.02.2020. Online verfügbar unter: https://de.statista.com/statistik/daten/studie/426592/umfrage/umsatz-mit-fleischersatzprodukten-in-deutschland/ (zuletzt geprüft: 05.08.21).

Ahrens, Sandra (2021): Umsatzprognose von alternativen Milchprodukten weltweit bis 2029. Statista, 07.05.2021. Online verfügbar unter: https://de.statista.com/statistik/daten/studie/1034861/umfrage/umsatz-mit-alternativen-milchprodukten-weltweit (zuletzt geprüft: 05.08.21).

Awater-Esper, Stefanie (2020): Wahre Kosten von Lebensmitteln sind höher als ihr Preis. *topagrar*, 02.09.2020. Online verfügbar unter: https://www.topagrar.com/management-und-politik/news/wahre-kosten-von-lebensmitteln-sind-hoeher-als-ihr-preis-12337968.html (zuletzt geprüft: 05.08.21).

Brendel, Dominik (2019): Purpose, Strategy and Activism: An exploratory inquiry into the strategic construct of purpose-driven brands within for-profit corporations. (Ph.D dissertation). University of Gloucestershire, Gloucester. doi:10.46289/BUSG1496 (zuletzt geprüft: 05.08.21).

Centrum für Strategie und Höhere Führung; Institut für Demoskopie Allensbach (2021): Sicherheitsreport 2021. Berlin, Allensbach. Online verfügbar unter: https://www.sicherheitsreport.net/wp-content/uploads/PM_Sicherheitsreport2021.pdf (zuletzt geprüft: 05.08.21).

Diverse Statistiken des Statistischen Bundesamtes (www.destatis.de), des Statistischen Amtes der Europäischen Union EUROSTAT (ec.europa.eu/eurostat/de) und von Statista (de.statista.com)

Fuest, Clemens (2020): Wie wir unsere Wirtschaft retten. Der Weg aus der Corona-Krise. Aufbau, Berlin.

Haase, Farina. (2019): Ernährung der Zukunft – Was essen wir in 30 Jahren? *PTA Plus*, 03.09.2019. Online verfügbar unter: https://www.diepta.de/news/ernaehrung-der-zukunft-was-essen-wir-in-30-jahren (zuletzt geprüft: 05.08.21).

Institut der Deutschen Wirtschaft Köln e.V. Online: https://www.iwkoeln.de/ (zuletzt geprüft: 05.08.21).

International Platform of Insects for Food and Feed (IPIFF) (2019): The European insect sector today: Challenges, opportunities and regulatory landscape. Brüssel.

NDR (2020): Kaffee: Gesund oder gesund? 09.10.2020. Online verfügbar unter: https://www.ndr.de/ratgeber/gesundheit/Kaffee-Gesund-oder-gesund,kaffee462.html (zuletzt geprüft: 05.08.21).

Nestlé Deutschland (Hrsg.) (2021): So klimafreundlich is(s)t Deutschland. Die Nestlé Studie „Klima und Ernährung" 2021. Frankfurt am Main. Online verfügbar unter: https://www.nestle.de/unternehmen/publikationen/nestle-studie/klimastudie (zuletzt geprüft: 05.08.21).

Peters, Nina-Kathrin (2018): What makes an influencer so influential? Masterarbeit, TU Ilmenau.

ProVeg International (2020): Everything you need to know about cellular agriculture. Online verfügbar unter: https://proveg.com/blog/everything-you-need-to-know-about-cellular-agriculture/ (zuletzt geprüft: 05.08.21).

Schu, Matthias (2020): Das E-Food-Buch. Märkte – Player – Strategien. Deutscher Fachverlag, Frankfurt am Main.

Soda-Group (2020): Die Gastronomie nach Corona. Entscheider-Update für neue Gastronomie. Aus dem Schockraum auf die Intensivstation? Bochum. Online verfügbar unter: https://soda-group.com/project-blank/gastronomie-nach-corona/ (zuletzt geprüft: 05.08.21).

Statistisches Bundesamt (2021): Migration und Integration. Online verfügbar unter: https://www.destatis.de/DE/Themen/Gesellschaft-Umwelt/Bevoelkerung/Migration-Integration/_inhalt.html (zuletzt geprüft: 05.08.21).

Strobel, Beate (2021): Das Altern aufhalten. *Focus, Fit und gesund.* Online verfügbar unter: https://www.focus.de/magazin/archiv/fit-und-gesund-das-altern-aufhalten_id_13197150.html (zuletzt geprüft: 05.08.21).

## TEIL IV

Álvarez, J.; Lallena, S.; Bernal, M. (2020): [Nutrition and the COVID-19 pandemic]. In: *Medicine* 13 (23). DOI: 10.1016/j.med.2020.12.013.

Appel, Lawrence J. (2008): Dietary patterns and longevity: expanding the blue zones. In: *Circulation* 118 (3), S. 214–215. DOI: 10.1161/CIRCULATIONAHA.108.788497.

Buettner, Dan; Skemp, Sam (2016): Blue Zones: Lessons From the World's Longest Lived. In: *American journal of lifestyle medicine* 10 (5), S. 318–321. DOI: 10.1177/1559827616637066.

Bundesinstitut für Risikobewertung (2016): Insekten als Lebens- und Futtermittel – Nahrung der Zukunft? Hg. v. BfR. BfR. Online verfügbar unter https://www.bfr.bund.de/de/presseinformation/2016/16/insekten_als_lebens__und_futtermittel___nahrung_der_zukunft_-197550.html, zuletzt aktualisiert am 05.03.2021 (zuletzt geprüft: 05.03.2021).

Bundesministerium für Ernährung und Landwirtschaft (2020): Deutschland, wie es isst. Der BMEL-Ernährungsreport 2020.

Esch, Christian; Grill, Bartholomäus; Müller, Peter; Scheuermann, Christoph; Zand, Bernhard (2018): Politik-Trends 2019. Wo die größten Gefahren für die Welt liegen. *Der Spiegel*, 28.12.2018.

European Food Safety Authority (2021): Essbare Insekten: die Wissenschaft der Bewertungen neuartiger Lebensmittel. In: *Europäische Behörde für Lebensmittelsicherheit*, 13.01.2021. Online verfügbar unter https://www.efsa.europa.eu/de/news/edible-insects-science-novel-food-evaluations (zuletzt geprüft: 05.03.2021).

Global Footprint Network (2019): National Footprint Accounts. Online verfügbar unter https://www.footprintnetwork.org/resources/data/ (zuletzt geprüft: 05.03.2021).

Global Footprint Network (2021): Earth Overshoot Day. Online verfügbar unter https://www.overshootday.org/newsroom/press-release-june-2020-german/, zuletzt aktualisiert am 05.06.2020 (zuletzt geprüft: 05.08.2021).

Hartmann, Christina; Shi, Jing; Giusto, Alice; Siegrist, Michael (2015): The psychology of eating insects: A cross-cultural comparison between Germany and China. In: *Food Quality and Preference* 44, S. 148–156. DOI: 10.1016/j.foodqual.2015.04.013.

Koletzko, Berthold; Holzapfel, Christina; Schneider, Ulrike; Hauner, Hans (2021): Lifestyle and Body Weight Consequences of the COVID-19 Pandemic in Children: Increasing Disparity. In: *Annals of nutrition & metabolism*, S. 1–3. DOI: 10.1159/000514186.

Mishyna, Maryia; Glumac, Miodrag (2021): So different, yet so alike Pancrustacea: Health benefits of insects and shrimps. In: *Journal of Functional Foods* 76, S. 104316. DOI: 10.1016/j.jff.2020.104316.

Simon Kucher & Partners (2020): Studie zeigt: Gamer weltweit investieren seit der Corona-Krise mehr Zeit und Geld in Videospiele – ein Trend, der bleiben wird. Online verfügbar unter: https://www.simon-kucher.com/de/about/mediacenter/studie-zeigt-gamer-weltweit-investieren-seit-der-corona-krise-mehr-zeit-und-geld-videospiele-ein-trend-der-bleiben-wird (zuletzt geprüft: 05.08.21).

Speck, Melanie; Bienge, Katrin; Wagner, Lynn; Engelmann, Tobias; Schuster, Sebastian; Teitscheid, Petra; Langen, Nina (2020): Creating Sustainable Meals Supported by the NAHGAST Online Tool—Approach and Effects on GHG Emissions and Use of Natural Resources. In: *Sustainability* 12 (3), S. 1136. DOI: 10.3390/su12031136.

Steffen, Will; Richardson, Katherine; Rockström, Johan; Cornell, Sarah E.; Fetzer, Ingo; Bennett, Elena M. et al. (2015): Sustainability. Planetary boundaries: guiding human development on a changing planet. In: *Science (New York, N.Y.)* 347 (6223), S. 1259855. DOI: 10.1126/science.1259855.

Willett, Walter; Rockström, Johan; Loken, Brent; Springmann, Marco; Lang, Tim; Vermeulen, Sonja et al. (2019): Food in the Anthropocene: the EAT–Lancet Commission on healthy diets from sustainable food systems. In: *The Lancet* 393 (10170), S. 447–492. DOI: 10.1016/S0140-6736(18)31788-4.

Xie, Chong; Coda, Rossana; Chamlagain, Bhawani; Varmanen, Pekka; Piironen, Vieno; Katina, Kati (2019): Co-fermentation of Propionibacterium freudenreichii and Lactobacillus brevis in Wheat Bran for in situ Production of Vitamin B12. In: *Frontiers in microbiology* 10, S. 1541. DOI: 10.3389/fmicb.2019.01541.

## TEIL V

Esch, Franz-Rudolf (2020): Purpose & Marke. ESCH. The Brand Consultants. Online unter: https://www.esch-brand.com/purpose-warum-sinnstiftung-fuer-unternehmen-wichtig-ist-teil-4/ (zuletzt geprüft: 05.08.21).

Zukunftsinstitut (Hrsg.) (jährliche Ausgabe): Hanni Rützlers Food Report. In Zusammenarbeit mit Lebensmittel Zeitung, foodservice und gv-praxis. Deutscher Fachverlag, Frankfurt am Main.

# Bildnachweis

## TEIL I

Seite 14: Adobe Stock/esvetleishaya
Seite 16: markenzeichen gruppe
Seite 22: imago images/Science Photo Library
Seite 28, 39: imago images/Cavan Images
Seite 34: imago images/Panthermedia

## TEIL II

Seite 42, 62: imago images/Panthermedia
Seite 55: imago images/supparsorn
Seite 56: imago images/MASKOT
Seite 59: imago images/Kyodo News
Seite 65, 87, 95: imago images/Westend61
Seite 72: imago images/Countrypixel
Seite 76: imago images/Addictive Stock
Seite 79: imago images/Shotshop

## TEIL III

Seite 100: imago images/Addictive Stock
Seite 107: imago images/Peter Widmann
Seite 110, 117: imago images/Westend61
Seite 113: imago images/lightpoet

## TEIL IV

Seite 120: Adobe Stock/zendograph
Seite 127: imago images/Addictive Stock
Seite 131, 145, 151: privat
Seite 142: imago images/Lars Berg
Seite 147: imago images/YakobchukOlena

## TEIL V

Seite 152: Adobe Stock/Paulista
Seite 159: imago images/Westend61
Seite 166: imago images/Panthermedia
Seite 174: imago images/Panthermedia/Monkeybusiness Images

Seite 181 und Umschlag: privat